75 Jahre mediacampus frankfurt

Björn Biester

75 Jahre mediacampus frankfurt

1946 Köln - 2021 Frankfurt am Main

Mit Beiträgen von Monika Kolb, Peter Kraus vom Cleff,
Karin Schmidt-Friderichs und Alexander Skipis

© 2022

Alle Rechte an den Texten liegen beim mediacampus frankfurt und den Autor:innen.

Herausgeberin: Monika Kolb, Frankfurt am Main
Projektkoordination: Simon Giani und Frederike Zlotnik, Frankfurt am Main
Gestaltung und Layout: Anna Horbach, München

ISBN 978-3-9824078-0-7

Wir haben uns bemüht, alle Nutzungsrechte zur Veröffentlichung von Materialien Dritter zu erhalten. Sollten im Einzelfall Nutzungsrechte nicht abgeklärt sein, bitten wir um Kontaktaufnahme mit dem mediacampus frankfurt.

GELEITWORTE

Karin Schmidt-Friderichs	X
Alexander Skipis	XII
Monika Kolb	XIV

VORBEMERKUNG 21

KÖLNER JAHRE 1946 BIS 1962 25

Vorgeschichte und Gründung	27
Anfang: Herbst 1946	31
Festigung und Veränderung: 1952/53	37
Schüler:innen	42
Umzug nach Frankfurt 1962	52

FRANKFURT AM MAIN 76

Personelle Kontinuität, neue Dozent:innen	79
1968	90
Krisenjahr 1974	102
Ära Herbert Degenhardt	108
«Seckbach muss bleiben!» Übergänge in turbulenten Zeiten	122
Aufbruch: mediacampus frankfurt	127
Digitalpakt Schule, Coronakrise und Digitalisierung	139
Portfolio	150

STATT EINES RESÜMEES 153

Statt eines Resümees	155
Peter Kraus vom Cleff: Ausblick	161

ANHANG 165

Dank	167
Vorsitzende des Kuratoriums der Buchhändlerschule beziehungsweise der Schulen den Deutschen Buchhandels	169
Quellen und abgekürzt zitierte Literatur	171
Anmerkungen	174

ZUKUNFTS DENKEN ALS MISSION

Liebe Leser:innen, liebe Lehrkräfte, liebe Auszubildende und Seminarteilnehmer:innen, liebe Mitarbeiter:innen und Freund:innen des mediacampus frankfurt: Happy Birthday! Denn wir alle zusammen feiern diese 75 Jahre mediacampus!

Gegründet als Buchhändlerschule in Köln, seit 1962 in Frankfurt-Seckbach, hat der mediacampus die Branche geprägt. Hier wurden solide Fundamente für Branchenkarrieren gegossen, hier entstanden Netzwerke von unschätzbarem Wert, hier begannen Branchen-Liebesbeziehungen und so manche Ehe. Hier wurde gelacht, geweint, Fernweh durch Gruppendynamik geheilt – vor allem aber wurde debattiert und diskutiert. Untereinander und mit den Branchengrößen, die sich am mediacampus die Klinke in die Hand geben.

Ich selbst lernte den mediacampus kennen, als er noch Buchhändlerschule hieß und ich feststellen musste, dass ein Architekturstudium allein für den Start als Verlegerin absolut nicht ausreicht, ich also ein paar Jahre lang Stammgast in Seminaren war. Ich beneidete die Auszubildenden, die in die Abende hinein über die Learnings des Tages, die Herausforderungen in den Unternehmen, die sie entsandten, und den Input der Abendgäste sprachen.

Kurze Zeit später durfte ich erstmals unsere Unternehmensphilosophie vorstellen, ich sprach vom Marketingfaktor Herstellungsqualität und erlebte ein waches, kritisches Publikum.

Dann begann meine ehrenamtliche Tätigkeit für den Börsenverein eben hier, als Vorsitzende des Berufsbildungsausschusses. Es waren für den Campus keine einfachen Zeiten: die Gelder des Vereins waren knapp, die Zuschüsse für den Campus hoch, neue Perspektiven mussten her. Den Campus aufgeben kam für mich nie infrage. Mit der Zeit gehen und eigenverantwortlich neue Wege suchen ist immer eine Herausforderung, die anzunehmen sich lohnt.

Monika Kolb war es dann, mit der wir einen neuen Kurs etablieren konnten. Gebäude wurden saniert, die Architektur leuchtet wieder im Bauhausstil. Sponsoren wurden gefunden und es wurde immer weiter modernisiert. Als Corona vielerorts Verwaltungen lahmlegte, sattelte der mediacampus souverän und galant auf hybride Modelle um, modernste Technik stach ins Auge und der Umgang damit war schnell eingeübt.

Der mediacampus liegt so weit ab der Frankfurter City, dass er Gruppengefühl aufbaut, ein Branchen-Wir, das Herzschrittmacher ist. Der mediacampus wird trotz dieser geografischen Randlage mehr und mehr zum Herzstück der Aus- und Weiterbildung in der Branche. Hier wird Zukunft möglich gemacht. Wenn immer ich dort oben bin, spüre ich das. Auch meine Branchenkarriere begann letztlich hier. Dafür an dieser Stelle ein ganz herzliches Dankeschön.

Ich wünsche dem mediacampus und den Menschen, ohne die er undenkbar wäre, von Herzen alles Gute zum Geburtstag und für die nächsten 25 Jahre. Wir sprechen immer wieder von lebenslangem Lernen. Ich glaube: Leben ist Lernen und auf dem mediacampus lernt es sich in der schönsten Form!

Herzlich Ihre
Karin Schmidt-Friderichs

Verlegerin des Hermann Schmidt Verlags und Vorsteherin des Börsenvereins des Deutschen Buchhandels

Als ich die Verantwortung im Oktober 2005 als Hauptgeschäftsführer des Börsenvereins des Deutschen Buchhandels und Sprecher der Geschäftsführung seiner Wirtschaftsbetriebe übernahm, war es mit Händen zu greifen. Ein ehemals außerordentlich erfolgreiches Konzept der Buchhändlerschule war in die Jahre gekommen. Die Idee der deutschen Buchbranche, mit einer eigenen Buchhändlerschule die notwendige hohe Qualifikation von buchhändlerischem Nachwuchs zu sichern, war brillant. Sie war auch Ausdruck eines Selbstverständnisses, dass sie mit ihrer Arbeit einen wertvollen Beitrag für das Gelingen einer freien, vielfältigen und toleranten Gesellschaft leisten will. Die Idee zündete. Die Nachfrage war groß, die Qualität der Ausbildung ausgezeichnet und, was vielleicht mindestens genauso wichtig war, es entstanden Netzwerke, ein Selbstverständnis bildete sich heraus und Identität wurde geprägt. Und dies alles hat auch noch Spaß gemacht, man war zusammen im Unterricht, hat auf dem Gelände seine Freizeit verbracht und natürlich auch übernachtet. Damals hat ein solches Angebot die Nachfrage fast von selbst erzeugt, Marketing war kaum notwendig.

Aber gerade erfolgreiche Konzepte bergen die Gefahr in sich, die Notwendigkeit des Wandels nicht schon früh zu erkennen. Die Gesellschaft ändert sich kontinuierlich, die Ansprüche der Kunden:innen steigen und verändern sich ebenso wie der Wettbewerb. All das beginnt sich dann in Zahlen niederzuschlagen und in dem Befund, dass das gesamte Gelände einen außerordentlichen Investitionsstau aufwies. Im Klartext: Das Gelände, die Gebäude waren völlig marode.

Ich entsann mich damals der Leiterin Marketing und Vertrieb des Frankfurter Aus- und Weiterbildungsdienstleisters Provadis, Monika Kolb. Diese war mir in meiner vorigen beruflichen Position als Ministerialdirigent in der hessischen Staatskanzlei durch ihr unternehmerisches, kundenorientiertes Denken aufgefallen. Mit ihr besprach ich die Situation und bat sie, zu einer Strategiesitzung im Juni 2006 hinzuzukommen, in der die Mängel schonungslos beim Namen genannt wurden. Sie hat dann circa ein Jahr später die Geschäftsführung der Buchhändlerschule übernommen. Monika Kolb war ein Glücksfall für den mediacampus frankfurt. Ihre unbedingte Kundenorientierung und ihr Marketingverständnis führten letztendlich zu dem, was der mediacampus frankfurt jetzt darstellt: ein modernes Unternehmen, prosperierend mit ebenso wieder hoher Anerkennung in der Branche. Der neue Name ist und war Programm.

Der Weg dorthin war aber steinig. Ich erinnere mich noch an zahlreiche Telefonate mit Monika Kolb zu fast jeder Uhrzeit des Tages und der Nacht über Probleme im Veränderungsprozess des mediacampus. Wie oft in solchen Prozessen gibt es zum Teil sehr starke Beharrungskräfte. Die Standfestigkeit von Monika Kolb in dieser Situation war außerordentlich bemerkenswert und ihr gebührt dafür ein ganz besonderer Dank und Anerkennung.

Diese sehr kurze Zusammenfassung der Entwicklung in diese Zeit möge auch als Mahnung dienen, den Blick immer auf Veränderungen des Umfeldes zu richten und sich täglich die Frage zu stellen: Bin ich mit meinem Angebot noch bei den Kund:innen, erzeuge ich den größtmöglichen Nutzen für sie und erreiche ich sie mit meiner Kommunikation?

In diesem Sinne bin ich mir sehr sicher, dass der mediacampus frankfurt auch die nächsten 75 Jahre erfolgreich bestehen wird. Das sind wir unserer Branche, aber auch unseren Kolleg:innen, die eine bewundernswerte Arbeit leisten, schuldig.

Herzlichen Glückwunsch zum Jubiläum!
Alexander Skipis

Hauptgeschäftsführer des Börsenvereins des Deutschen Buchhandels von 2005 bis 2021

MENSCHEN FÜR DIE BUCHBRANCHE BEGEISTERN UND QUALIFIZIEREN

Liebe Leser:innen,
wenn eine Bildungsinstitution sich 2021 an ihr 75jähriges Gründungsjahr erinnert, das im Jahr 1946 liegt, dann ist eines evident: Dass es diese private Bildungseinrichtung der Buchbranche immer noch gibt und lebendiger als je zuvor, verdankt sich einer ungeheuren Anpassungs-, Erneuerungs- und Modernisierungsfähigkeit vieler prägender Persönlichkeiten und dem entschlossenen Einsatz nicht unerheblicher finanzieller Mittel über einen Zeitraum von acht Jahrzehnten.

Das an politischen Katastrophen und technischen Revolutionen reiche 20. Jahrhundert, in dessen zweite Hälfte die Gründung, geistige und pädagogische Grundsteinlegung und in dessen Folge ein eigener kultureller Wandel der Buchhändlerschule über die Schulen des Deutschen Buchhandels bis hin zum mediacampus frankfurt fallen, ist als Rahmenbedingung für die Entwicklung dieser einzigartigen Bildungsstätte immer mit zu bedenken. Bemerkenswert ist, dass nach der nationalsozialistischen Epoche des Börsenvereins, in der dieser eine willfährige und das Regime unterstützende Rolle spielte, die Gründung der Buchhändlerschule in den Jahren 1946 und 1947 nach den Quellen ohne institutionelle Vorbelastung aus der Nazizeit vonstattenging. Ganz anders sah das oft in Presse- und Buchverlagen und vielen Wirtschaftsverbänden und Universitäten aus.

Diese geglückte Gründungsgeschichte versetzte die Schulen des Deutschen Buchhandels auch in die Lage, mit gesellschaftlichen Umbrüchen und neuen Herausforderungen an pädagogische Konzepte, etwa in den späten sechziger und frühen siebziger Jahren des letzten Jahrhunderts im Gefolge der Studentenunruhen und der geistigen Anstöße der Frankfurter Schule, umzugehen und sich weiter zu entwickeln. Gerade junge Menschen, die Schüler:innen und jungen Seminarteilnehmer:innen, leben jeweils sehr intensiv in ihrer Zeit und sind daneben natürlicherweise sehr zukunftsorientiert. Sie dort mit adäquaten Konzepten und Inhalten anzusprechen und abzuholen, ist nicht eine Anbiederung an den jeweiligen Zeitgeist, sondern eine unbedingte Notwendigkeit für einen Lehr- und Lernerfolg. Die letzten zehn Jahre standen daher vor allem im Zeichen einer zunehmenden Digitalisierung von Arbeitsprozessen in den Betrieben, aus denen die Gäste auf den mediacampus frankfurt kommen, und den Lernprozessen auf dem Campus selbst. Ein unfreiwilliger Kulminationspunkt erreichte die schon gut entwickelte digitale Welt in Seckbach mit dem Aufkommen der Covid-19-Pandemie im Frühjahr 2020. Hier konnte der mediacampus frankfurt eine Vorbildfunktion für viele andere Bildungseinrichtungen erfüllen.

Aber auch ein durchgängig guter Wille, Flexibilität und ein hohes Engagement der jeweiligen Leiter:innen, Kuratoriumsmitglieder, Börsenvereinsvorstände und aller Mitarbeitenden verhinderten nicht gelegentliche Rückschläge, die auch personell begründet waren. Dies in der vorliegenden, kritischen Chronik nicht verschwiegen zu haben, ist ein großes Verdienst des Autors Björn Biester. Die 75jährige Geschichte des mediacampus frankfurt ist eine Erfolgsgeschichte, aber keine lineare. Es gab diese Rückschläge und notwendigen Neuanfänge. Dennoch lässt sich heute behaupten, dass die Verwurzelung und Verzweigung in alle Bereiche der Buchbranche und oft bis tief hinein in die Mitgliedsfirmen des Börsenvereins so hoch ist wie nie zuvor. Dazu trägt der mediacampus frankfurt auch bei, den Verlagen und Buchhandlungen ein besonderes Gewicht in der Politik zu verleihen. Denn an kaum einer anderen Stelle unserer Branche wird die unauflösliche Verzahnung von Kultur und wirtschaftlichem Handel so unmittelbar sichtbar wie hier. Ein Blick in die Ausbildungs- und Seminar- und Fortbildungsprogramme und deren Wandel zeugen davon. Dass der mediacampus frankfurt auch im Deutschen Kulturrat an der Seite von Theater, Schauspiel, Musik, Film und Literatur tätig ist, ist eine natürliche Folge seiner speziellen Verantwortung und der Beitrag, den er im kulturellen Spektrum Deutschlands leisten kann.

Die Chronik bildet die wechselvolle Geschichte des mediacampus frankfurt und seiner Vorläufer ab. Seit 14 Jahren stehe ich als Geschäftsführerin für den Wandel und die Verpflichtung, die Ausbildungs- und Fortbildungsbedürfnisse der Mitgliedsfirmen erfüllen zu können. Aus einer einstmals durchaus elitären Einrichtung mit dem großen Selbstverständnis, der bestmöglichen Vermittlung von Literatur und Hochkultur zu dienen, was sich auch in der literaturwissenschaftlichen Expertise vieler führender Persönlichkeiten widerspiegelte, ist heute ein ausgesprochenes Dienstleistungsunternehmen geworden, das die gegenüber früheren Jahrzehnten stark ausgeweiteten Schulungsbedürfnisse der Branche auf aktuellem Niveau bedienen kann. Es ist klar, dass dies nicht ohne eine neue Führungskultur, ohne neue Aufgabenprofile für die Mitarbeiter:innen des mediacampus und ohne veränderte, digitale Konzepte zu leisten gewesen wäre. Heute stehen Literaturkenntnisse, buchhändlerisches Basiswissen und kaufmännisches Knowhow gleichwertig neben Kursen und Ausbildungslehrgängen für mehr Handlungsorientierung, Kundenzentrierung und behutsames Navigieren der Kunden im Zeitalter von Cross-Selling von stationärem und digitalem Angebot aller Inhalte, die Verlage und Buchhandlungen entwickeln, zur Verfügung stellen und vermitteln.

Legendär ist das ständig angebotene außerschulische Programm, Lesungen von Schriftsteller:innen, Diskussionsforen, Auftritte von Sachbuchautor:innen und Verleger:innen, die ihre Verlagsprogramme und Programmpolitik vorstellen, die Besuche von hochrangigen Politiker:innen und die Diskussionen über relevante, gesellschaftliche Fragen bis – ganz aktuell – zum Gendern, Identitätspolitik und Gleichstellungsfragen.

In den vergangenen Jahren hat sich das Gesamtangebot des mediacampus frankfurt noch einmal deutlich erweitert: Neben dem Ausbildungsangebot zum/zur Buchhändler:in wurden die Berufsbilder Medienkaufmann/Medienkauffrau digital und print, Kaufmann/Kauffrau im Einzelhandel und Kaufmann/Kauffrau im E-Commerce (in Planung) etabliert. Dazu kommen verschiedene Aufstiegsfortbildungen wie ein berufsbegleitender Studiengang und attraktive Fachwirt:innen-Angebote, die einen hohen Mehrwert für die Sicherung von Nachwuchsführungskräften in der Buchbranche haben.

Die breiten Anforderungen lassen sich auch in den Ausbildungen unserer Mitarbeiter:innen, Referent:innen und Gastdozent:innen erkennen: Viele haben beides, einen geisteswissenschaftlichen und einen betriebswirtschaftlichen oder managementorientierten Hintergrund. Manche sind von anderen Bildungseinrichtungen jenseits der Buchbranche zu uns gekommen und erweitern durch ihre Erfahrungen unseren eigenen Horizont. Diese Durchlässigkeit von Erfahrungen und Kenntnissen zu gewährleisten auf der Basis buchhändlerischen oder medienorientierten Wissens, ist eine unserer Leitideen. Allen hier Genannten soll diese Chronik in ihren letzten zwei Jahrzehnten auch eine Referenz für ihre tägliche, hervorragende Arbeit sein. An sie geht ein besonderer Dank!

Stellvertretend für die vielen Unterstützer in Buchhandlungen und Verlagen möchte ich zweien danken, die sich die Bildungsförderung seit jeher zu einer leitenden Maxime ihres Handelns für die Branche gemacht haben: der Verlegerin Karin Schmidt-Friderichs, die lange Jahre Vorsitzende des Beirats und Vorsitzende des Berufsbildungsausschusses gewesen ist und seit 2019 Vorsteherin des Börsenvereins, und dem Hauptgeschäftsführer Alexander Skipis, die mich seinerzeit überzeugten, als Geschäftsführerin die Schulen des Deutschen Buchhandels leiten zu sollen, und auf deren tatkräftige Unterstützung in den Gremien, auch wenn es um heikle wirtschaftliche Fragen und notwendige Investitionen ging, ich persönlich, aber vor allem die Institution mediacampus frankfurt, jederzeit zählen konnten.

Ihnen, den Leser:innen, wünsche ich angenehme Dèjá-vus, neue Erkenntnisse und die Auffrischung bekannter, eine nicht nachlassende Verbundenheit «Ihrem» Campus oder «Ihren» Schulen gegenüber und die optimistische Zukunftsorientierung und jeweilige Zukunftsbewältigung, die 75 Jahre Aus- und Weiterbildung für unsere Branche seit 1946 zeigen.

Sehr herzlich aus Seckbach
Monika Kolb

Geschäftsführerin des medicacampus frankfurt und Bildungsdirektorin des Börsenvereins des Deutschen Buchhandels

Vorbemerkung

«Seien wir ganz bescheiden: Die Deutsche Buchhändlerschule ist eigentlich gar keine Schule, sondern ein jährlich sechs bis siebenmal sich wiederholender Lehrgang von sechs Wochen. Das ist ein Nachteil.» So hat es Georg Ehrhart, Schulleiter seit Januar 1953, im August 1962 im Frankfurter ‹Börsenblatt› festgehalten.[1] Diese Aussage Ehrharts berührt einen wichtigen Aspekt: Am Anfang, im Herbst 1946, standen ‹buchhändlerische Fachkurse› ohne Teilnahmeverpflichtung, abgehalten in einem Hörsaal der nach kriegsbedingter Schließung im Dezember 1945 wiedereröffneten Kölner Universität. Erst allmählich kam es zu einer Verstetigung und Institutionalisierung des Ausbildungsbetriebs der Buchhändlerschule, zuerst im Kölner Stadtteil Marienburg (von 1947 bis 1952), dann in Rodenkirchen bei Köln (von 1952 bis 1962). ‹Deutsche Buchhändlerschule› oder einfach ‹Buchhändlerschule› blieb lange die in der Branche übliche Bezeichnung.[2] Das gilt auch für die Zeit nach der Umbenennung in Schulen des Deutschen Buchhandels (im Plural), die in den 1970er Jahren als Folge der Ausweitung und Differenzierung des inhaltlichen Angebots erfolgte. Seit 2009 lautet die Firmierung mediacampus frankfurt.

Vorbemerkung

Der neue Name in konsequenter Kleinschreibung verweist wiederum auf eine Entwicklung der Buchhandels- und Verlagslandschaft und der hieraus für eine private Ausbildungsstätte zu ziehenden Folgerungen – und erhebt zugleich einen Anspruch, zeitgemäß zu arbeiten.

Die großen Linien der Geschichte des mediacampus frankfurt sind recht gut dokumentiert – 1962, 1976, 1986 und 1996 erschienen der Buchhändlerschule beziehungsweise den Schulen des Deutschen Buchhandels gewidmete Ausgaben des ‹Börsenblatts›.[3] Die erkennbar mit viel Anteilnahme und Sorgfalt erstellten Hefte bieten eine Fülle relevanter Informationen und Hinweise, das gilt insbesondere für die vor Zukunftsoptimismus und Stolz über das Erreichte strotzende Sondernummer ‹Zur Einweihung des Neubaus der Deutschen Buchhändlerschule. Geschichte und Arbeit der Schule – Der Neubau – Bildung, Ausbildung und Förderung des Nachwuchses in Vergangenheit und Gegenwart› von 1962 und die darin enthaltenen Aufsätze von Heinrich Gonski, Georg Ehrhart, Gerd Schulz, Jochen Barth, Norbert Heymer, Walter Schwagenscheidt, Bertold Hack, Günther Vogt, Annemarie Meiner, Gerda Lerch und anderen. 2012 erschien außerdem eine von Anke Naefe und Judith Hoffmann redaktionell bearbeitete und bis 2012 fortgeschriebene Chronik ‹1946–2012. Von der Deutschen Buchhändlerschule zum mediacampus frankfurt›, die im Hosentaschenformat einen kompakten Überblick bietet und Vorarbeiten von Gerd Schulz, Herbert Degenhardt und Heinrich F. Otto einbezieht. Vorhanden (wenn auch wegen weitgehend fehlender systematischer bibliographischer Nachweise oft nicht einfach aufzufinden) sind ferner zahlreiche Beiträge in der

Vorbemerkung

Branchenpresse (Notizen, Berichte, Interviews und dergleichen). An einer zusammenhängenden Darstellung fehlte es bislang – diese Lücke versucht der vorliegende Text aus Anlass des 75jährigen Gründungsjubiläums im Herbst 2021 zu schließen. Im Vordergrund stehen eine vom Börsenverein getragene ungewöhnliche Bildungseinrichtung, ihre Schüler:innen, Dozent:innen und Leiter:innen sowie die wirtschaftlichen und räumlichen Arbeitsbedingungen in Köln und Frankfurt am Main. Berücksichtigt werden außerdem die staatlichen Rahmenbedingungen für buchhändlerische Aus- und Fortbildung auf Bundes- und Länderebene sowie die Verknüpfungen mit dem Verband und der Buchhändler-Vereinigung. Auch die Auswirkungen der Coronakrise seit März 2020 werden berücksichtigt, auch wenn es vermutlich erst mit zeitlichem Abstand möglich sein wird, diese Phase der Schulgeschichte richtig einzuordnen.

KÖLNER JAHRE
1946 - 1962

Kölner Jahre

Vorgeschichte und Gründung

Die 1946 erfolgte Gründung der Kölner Buchhändlerschule ist untrennbar mit den Zäsuren der deutschen Zeitgeschichte der ersten Hälfte des 20. Jahrhunderts verbunden. Ohne den Zweiten Weltkrieg und die von den Alliierten auf der Jalta-Konferenz im Februar 1945 beschlossene Aufteilung Deutschlands hätte es diese Einrichtung vermutlich nicht gegeben, jedenfalls nicht in dieser Form und nicht an diesem Ort. In Leipzig, dem Sitz des Börsenvereins der Deutschen Buchhändler, der Deutschen Bücherei, bedeutender Verlage, Druckereien, Buchbindereien und Zwischenbuchhandelsunternehmen, existierte ja längst eine anerkannte überregionale Ausbildungsstätte für den Buchhandel, die Deutsche Buchhändler-Lehranstalt.[4] Allerdings lag diese Einrichtung, seit 1928 in Mitträgerschaft des Börsenvereins, seit Juli 1945 in der Sowjetischen Besatzungszone. Rasch verschlechterten sich in Leipzig die politischen und wirtschaftlichen Rahmenbedingungen auch für private verlegerische und buchhändlerische Betätigungen. Die Folge war eine anhaltende Abwanderungsbewegung von Verlagen und sonstigen Buchhandelsunternehmen in Richtung Westdeutschland.[5] Bereits wenige Wochen vor der Überga-

Kölner Jahre

be der Stadt durch die US-Armee, die Leipzig im April 1945 besetzt hatte, nahm eine Reihe von Verlegern das Angebot an, in die amerikanische Besatzungszone überzusiedeln und dort die Arbeit fortzusetzen.

Das deutete eine frühe Weichenstellung an, die auch anderenorts wahrgenommen wurde und negative Konsequenzen für die Perspektiven Leipzigs als Ausbildungsstandort zeitigte. Zwar wurde die Deutsche Buchhändler-Lehranstalt 1946 unter der Leitung von Dr. Karl Ludwig und mit neuen Lehrkräften wiedereröffnet, wie das zunächst in Wiesbaden erscheinende ‹Börsenblatt› am 1. April 1946 meldete; die Hoffnung der Leipziger, «daß ab Ostern 1946 aus allen Teilen Deutschlands Anmeldungen zu den Fachkursen kommen werden», erfüllte sich jedoch nicht.[6]

Warum aber entstand die neue westdeutsche Ausbildungsstätte, aus der sich bald die Buchhändlerschule entwickelte, ausgerechnet in Köln? Die Stadt lag in der britischen, nicht in der amerikanischen Besatzungszone, wenn auch über den Zusammenschluss der beiden Besatzungszonen zur Bizone, der zum 1. Januar 1947 erfolgte, seit Sommer 1946 verhandelt worden war. Diese Entscheidung ging nicht aus Erwägungen und Diskussionen in Gremien und Verbänden hervor; die Gründungsinitiative war eine halbprivate. Maßgeblicher Anreger war der Buchhändler und Kunsthistoriker Dr. Hans Melchers (1901–1969), Inhaber der Bücherstube am Dom in der Kölner Innenstadt und kurz nach Kriegsende auch als Kunsthändler und Ausstellungsorganisator aktiv.[7] Melchers konnte für das Projekt mehrere Branchenkollegen wie den Buchhändler Otto Fischer aus Bielefeld, den Verlag Schwann in Düsseldorf, den Kölner Oberbürgermeister sowie Josef Kroll, den Rektor der Universität Köln, als Mitstreiter gewinnen. Dass eine solche Initiative von Einzelpersonen ausging,

Kölner Jahre

war nicht ungewöhnlich für diese Zeit, in der viele institutionelle Zusammenhänge aus den Jahren vor 1933 zerstört oder fraglich geworden waren. Dasselbe galt beispielsweise für den im Juni 1950 in einem Hamburger Privathaus verliehenen und erst 1951 vom Börsenverein übernommenen Friedenspreis des Deutschen Buchhandels.[8]

Branchenöffentlich wurde das Ansinnen durch eine Ankündigung in derselben Ausgabe des ‹Börsenblatts› vom 1. April 1946, die auch die Wiedereröffnung der Deutschen Buchhändler-Lehranstalt in Leipzig notierte. In einer nüchternen redaktionellen Nachricht wurde mitgeteilt, dass der Landesverband des Rheinland-Westfälischen Buchhandels beabsichtige, in Köln «buchhändlerische Fachkurse» einzurichten. Zweck dieser unter anderem in Verbindung mit der wiedereröffneten Kölner Universität und der Fachschule für Volksbüchereien und Bibliothekswesen abgehaltenen Fachkurse sei zunächst, so hieß es in der Ankündigung, «den Buchhandelslehrlingen, die ihre Lehrzeit abgeschlossen haben, die Möglichkeit zu geben, ihr Fachwissen zu vervollständigen und im Anschluß an die Absolvierung dieser Fachkurse ihre Gehilfenprüfung am Ort der Fachkurse abzulegen». Als Dauer der für die Prüfungsteilnahme obligatorischen Fachkurse stelle man sich acht Wochen vor. Die Stadt Köln sorge für Unterbringung und Verpflegung der maximal 20 bis 25 Teilnehmer:innen je Kurs. Der erste Kurs solle im Mai 1946 beginnen. Als Anmeldeadresse wird die von Ludwig Melsheimer (1902–1981) geleitete Geschäftsstelle des Landesverbands in der Charlottenstraße in Düsseldorf genannt.[9]

Die Initiative stand im Kontext ehrgeiziger lokaler Bemühungen um einen Ausbau Kölns zu einem westdeutschen Buchhandels-,

Kölner Jahre

Verlags- und Bibliothekszentrum. Bereits im Sommer 1945 hatte der im Mai 1945 von den Amerikanern in sein Amt wiedereingesetzte Kölner Oberbürgermeister Konrad Adenauer versucht, die Leipziger Deutsche Bücherei zur Übersiedlung an den Rhein zu bewegen – vergeblich.[10] Ebenso erfolglos blieb der Versuch, den Börsenverein von Leipzig nach Köln zu bringen; Hans Melchers hatte darüber im Spätsommer 1945 mit Adenauer gesprochen.[11] In einem auf den 15. September 1946 datierten Brief Konrad Adenauers an Hans Melchers in Köln-Marienburg, in dem auch die Buchhändlerschule erwähnt wird, findet sich ein Nachhall dieses Austauschs: «Wie Sie mir unlängst mündlich sagten, wird die Buchhändlerschule jetzt dort eröffnet und kommen die Filialen der Verlage Kösel & Pustet und Hegner nach Köln. Das würde dann doch wenigstens eine teilweise Verwirklichung unseres früheren gemeinschaftlichen Programms sein.»[12]

Nicht zu erkennen sind dagegen nach derzeitiger Quellenlage Verbindungslinien der Kölner Initiative zur Reichsschule des Deutschen Buchhandels in Leipzig, die von 1935 bis 1942 bestand und unter der Leitung von Walter Hoyer als nationalsozialistische Kaderschmiede für den buchhändlerischen Nachwuchs geführt worden war.[13] Insofern ist ein im ‹Börsenblatt› auftauchender indirekter Vergleich von Reichsschule und Buchhändlerschule («natürlich abgesehen von den politischen Hintergründen»), von Gerd Schulz formuliert, doch wohl sachlich irreführend.[14]

Kölner Jahre

Anfang: Herbst 1946

Der Beginn des ersten Kurses verzögerte sich allerdings um mehrere Monate, vermutlich aufgrund der schwierigen äußeren Umstände. Der erste Lehrgang mit 40 Teilnehmer:innen – deutlich mehr als ursprünglich anvisiert – dauerte vom 10. September bis 26. Oktober 1946. Mit einer Ausnahme bestanden alle Teilnehmer:innen die unmittelbar an den Lehrgang anschließende Gehilfenprüfung.[15]

Der zweite Lehrgang begann erst im April 1947, wiederum der in jeder Hinsicht schwierigen Versorgungslage geschuldet. Die Hemmnisse, mit denen der Schulbetrieb in den ersten Nachkriegsjahren zu kämpfen hatte, waren erheblich: Die schweren alliierten Luftangriffe auf Köln ab 1941 bis wenige Wochen vor Kriegsende hatten weite Teile der Stadt stark zerstört, die große und bedeutende Kölner Altstadt sogar zu 95 Prozent. Die aus den Kriegsverheerungen resultierende dramatische Wohnungsnot wirkte sich in allen Bereichen des städtischen Lebens aus (die Einwohnerzahl Kölns erreichte erst 1959 wieder den Vorkriegsstand). Hinzu kamen Einschränkungen bei der Lebensmittelversorgung und eine in der kalten Jahreszeit fehlende Heizung in

Kölner Jahre

Unterrichtsräumen aufgrund von Brennstoffmangel. In den ersten Monaten ihres Bestehens hatte die Buchhändlerschule weder einen festen Sitz noch gab es eine hauptamtliche Leitung. Der Unterricht fand, wie eingangs erwähnt, zunächst in Räumen der Universität Köln statt, deren Hauptgebäude vergleichsweise glimpflich durch den Krieg gekommen war und ab Herbst 1945 instandgesetzt werden konnte.[16] Die Schüler:innen wohnten extern, in Kölner Privatquartieren und Pensionen, sofern sie nicht von zu Hause aus zum Unterrichtsort pendelten.

Bankiersvilla in der Goltsteinstraße 195 (seit 1965 Pferdmengesstraße 3) in Köln-Marienburg: erster Sitz der Buchhändlerschule von 1947 bis 1951/52 (Foto: Björn Biester, Oktober 2020)

Erst im Frühjahr 1947 konnte die Schule eine von der Stadt Köln angemietete Immobilie in der Goltsteinstraße 195 im südlich der Innenstadt gelegenen Villenviertel Marienburg beziehen.[17]

Ideal für den Schul- und Internatsbetrieb waren die Bedingungen in diesem 1924 von dem Architekten Theodor Merrill für den

Kölner Jahre

Bankier Eberhard von Oppenheim mit einer heute noch existierenden eleganten Kutschenauffahrt und einer aus einem älteren Gebäude übernommenen originalen barocken Treppe errichteten noblen Privathaus nicht.[18] Es fehlte zum Beispiel eine geeignete Küche, weshalb einfache warme Mahlzeiten täglich aus der Städtischen Großküche angeliefert werden mussten. In den mit Stockbetten zu Schlafquartieren umgestalteten Wohnräumen herrschte, Zeitzeug:innenberichten zufolge, mitunter drangvolle Enge. Allerdings besaß das Haus – während des ‹Dritten Reichs› Sitz des italienischen Konsulats in Köln – einen großen, fast parkähnlichen Garten, der bei schönem Wetter für eine spontane Verlegung des Unterrichts ins Freie genutzt werden konnte.

Personell war die Schule knapp ausgestattet. Eine offizielle Leitung gab es im Herbst 1946 noch nicht. Interimsleiter des zweiten Lehrgangs im Frühjahr 1947 war ein Absolvent des ersten Lehrgangs, ein junger Buchhändler mit Namen Klapp; weder der Vorname noch der weitere berufliche Lebensweg ließen sich in Erfahrung bringen. Heinrich Gonski schreibt über ihn anerkennend, er habe «in dieser Epoche des Improvisierens wertvolle Dienste geleistet».[19]

Erste feste Leiterin der Buchhändlerschule von Oktober 1947 bis Herbst 1948 war die Ärztin Nelly Planck (1903–1975), Witwe des im Januar 1945 wegen seiner Beteiligung am Widerstand gegen das Hitler-Regime von den Nationalsozialisten in Plötzensee hingerichteten Juristen und 1933 aus dem Staatsdienst entlassenen Erwin Planck.[20] Nelly Planck, die Verlagskunde unterrichtete, blieb allerdings nicht lange in dieser Funktion. Ihr Nachfolger bis Herbst 1952 wurde, zunächst kommissarisch, der Buchhändler und an der Schule als Dozent für bibliographische Übungen und

Kölner Jahre

Theologie tätige Joseph Franzgrothe (1911–?), später Prokurist des Kölner Barsortiments Erich Wengenroth.[21]

Spiritus rector und einer der wichtigsten Förderer der Buchhändlerschule fast von Beginn an war der Buchhändler Heinrich Gonski (1897–1984). Gonski leitete seit 1927 die Gilde-Buchhandlung am Kölner Neumarkt, die er 1933 als Inhaber übernahm. In den 1950er und 60er Jahren erweiterte Gonski, vielfältig beim Wiederaufbau der westdeutschen Buchbranche nach 1945 engagiert, sein Unternehmen erheblich. 1958 beteiligte er seine beiden Söhne an der Firma. 1983 verkaufte die Familie die Firma an die von Thomas Grundmann geführte Buchhandlung Bouvier in Bonn. Das von Grundmann 1987 auf über 3.000 Quadratmetern eröffnete Buchhaus Gonski am Neumarkt war lange eine der beim Publikum beliebtesten Kölner Buchhandlungen (2004 wurde der Standort von Thalia übernommen und Anfang 2013 geschlossen). 1957 übernahm Heinrich Gonski den Vorsitz des Kuratoriums der Buchhändlerschule. Nach Gerd Schulz, Teilnehmer des 15. Jahrgangs, gehörte es zu den «ungeschriebenen Schulgesetzen», dass sich die Schüler:innen während ihres Köln-Aufenthalts in Gonskis Buchhandlung persönlich vorstellten.

Deutlich wird unter anderem aus den Schilderungen des Kölner Buchhändlers Heinrich Gonski, dass den Teilnehmenden so etwas wie ein abgekürztes und verdichtetes Studium generale geboten wurde, unter Einschluss von Literatur- und Kunstgeschichte, Musik, Theologie und Philosophie. Ergänzt wurde dieses Ange-

Kölner Jahre

bot durch spezifisch buchhändlerische Inhalte – bibliographische Übungen, Verlagskunde und Buchhaltung, Herstellung und so weiter.

Den Unterricht bestritten überwiegend akademisch ausgewiesene Dozent:innen. In Auswahl: An der Buchhändlerschule unterrichteten der progressive Schriftsteller, Essayist und Übersetzer Albrecht Fabri, der Musikwissenschaftler Otto von Irmer, der Theologe und Bibliothekar Paul Körholz sowie der Literaturwissenschaftler Erich Müller-Kamp. Etwas später kam der ehemalige Leiter der Leipziger Buchhändler-Lehranstalt, Karl Ludwig hinzu, der 1950 wie so viele andere die junge DDR gen Westdeutschland verlassen hatte.[22]

Als Teilnehmer des Anfang 1950 abgehaltenen 15. Lehrgangs hielt Gerd Schulz (1921–2004) fest, die Behandlung der deutschen Literaturgeschichte habe in Köln «an Quantität wie an Qualität» im Vordergrund gestanden.[23] Das überrascht nicht; aber auch die bedeutenden Literaturen Frankreichs und Russlands wurden gründlich besprochen. Erich Müller-Kamp und Hans Thom, letzterer zuvor selbst Lehrgangsteilnehmer, taten sich hier als kompetente und begeisterungsfähige Dozenten hervor.

Unterrichtet wurde grundsätzlich an sechs Wochentagen, samstags allerdings nur vormittags. Die Großstadt Köln bot den Schüler:innen nach Überwindung der allergrößten Not der Nachkriegssituation zahlreiche Mög-

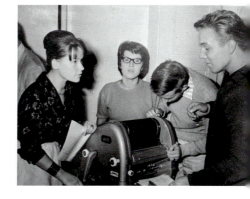

Schüler:innen arbeiten an einer Druckmaschine im Herstellungsunterricht

Kölner Jahre

lichkeiten, die sparsam bemessene Freizeit mit Theater-, Konzert-, Kino- oder Kneipenbesuchen zu verbringen. Nach Absolvierung der Prüfungen folgte stets eine Abschlussfeier, an der sich alle Schüler:innen sowie das Personal der Buchhändlerschule beteiligten. Mehrere Lehrgänge haben, so wird berichtet, hektographierte humoristische Abschluss- oder sogenannte Bierzeitungen produziert. Weitere Verbreitung fand ein ansprechend und professionell aufgemachter Almanach unter dem Titel ‹Kölner Hauspostille›, den der 20. Lehrgang im März 1951 vorlegte.[24] Der in diesem Almanach abgedruckten ‹Chronik der Besonderheiten› lässt sich entnehmen, dass Hermann Kasack über ‹die Dichtung in der Zeit› vortrug und gemeinsam der rheinische Karneval feiernd begangen wurde. Auch eine Besichtigung des Barsortiments Erich Wengenroth, über viele Jahre wichtigstes Unternehmen des Zwischenbuchhandels in Köln, stand auf dem Programm. Der Almanach enthält ferner ein Dozenten- und Teilnehmerverzeichnis, letzteres mit den Heimatanschriften von Schleswig bis Marburg, um die Kontaktpflege nach Kursende zu befördern.

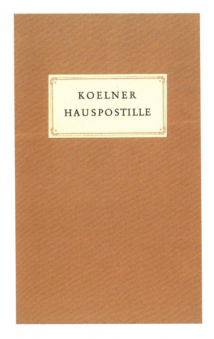

Kölner Hauspostille. Ein Almanach. Herausgegeben vom 20. Lehrgang der Buchhändlerschule Köln, 1951

Kölner Jahre

Festigung und Veränderung: 1952/53

Die Jahre 1952 und 1953 brachten wesentliche Veränderungen für die Buchhändlerschule, in institutioneller, räumlicher und personeller Hinsicht. 1951 stellte sich heraus, dass die Immobilie in der Goltsteinstraße 195 der Schule nicht länger zur Verfügung stehen würde, da der Besitzer des herrschaftlichen Anwesens, Eberhard von Oppenheim, einen Verkauf anstrebte, der dann auch erfolgte. Als Alternative für die Fortsetzung des Unterrichtsbetriebs fand sich ein ebenfalls in Privatbesitz befindliches, architektonisch höchst ungewöhnliches Gebäude im Kölner Vorort Rodenkirchen, direkt am Rhein gelegen.

Der auffällige Bau in der Hauptstraße 11 war 1904/05 im Auftrag von Eduard Steisel und seiner aus Belgien stammenden Ehefrau Angonia errichtet worden – daher auch der Name Villa Angonia, der nach einem Eigentümerwechsel in Villa Maria und nach dem Übergang an den Malteserorden in Villa Malta geändert wurde.[25] Hier, neben der 1941 eingeweihten Autobahnbrücke über den Rhein (nach schwerer Kriegszerstörung bis Dezember 1954 wie-

Kölner Jahre

Rodenkirchen, direkt am Rhein gelegen und erst zum 1. Januar 1975 nach Köln eingemeindet; Sitz der Buchhändlerschule von 1952 bis 1962

Kölner Jahre

derhergestellt) und mit Fernblick auf den Kölner Dom stromabwärts, residierte die Schule als Mieterin, nachdem sie für die Vorbereitungen des Umzugs aus Marienburg mehrere Monate lang geschlossen worden war, von Februar 1952 bis zum Umzug nach Frankfurt am Main im Herbst 1962.

Im Mai 1952, wenige Monate nach dem Umzug nach Rodenkirchen, ging die Trägerschaft von Landesverband und Stadt Köln auf den Frankfurter Börsenverein Deutscher Verleger- und Buchhändler-Verbände e. V. über.[26] Aus diesem Anlass lud Otto Fischer, Vorsitzender des Kuratoriums der Buchhändlerschule, am 21. Mai 1952 zu einer kleinen Feier nach Rodenkirchen ein. Dem neu geformten Kuratorium gehörten ein Mitglied des Börsenvereinsvorstands, der Vorsitzende des Ausschusses für Berufsbildung im Börsenverein, je zwei Vertreter des Rheinisch-Westfälischen Verbands und anderer Landesverbände, ein junger Buchhändler und ein Vertreter der Stadt Köln an. Als Vorsitzender wurde Otto Fischer bestätigt.[27]

Zum 1. Januar 1953 trat Georg Ehrhart (1900–1994), angeworben durch den Reclam-Verleger Gotthold Müller, mit sechs Monaten Probezeit und einem Monatsgehalt von 1.000 DM seinen Dienst als Schulleiter in Rodenkirchen an. Die Verantwortlichen im Kuratorium waren 1952 zu der Einschätzung gelangt, dass Joseph Franzgrothe auf diesem Posten ersetzt werden solle, da er nicht in der Lage sei, wie es in einem Sitzungsprotokoll heißt, «den Schülern mit Entschlossenheit und bestimmter Konsequenz entgegenzutreten, wie es in vielen Fällen notwendig wäre».[28] Ehrhart, der aus Stuttgart kam und dort in der Erwachsenenbildung tätig gewesen war, führte die Einrichtung bis Ende 1965 und prägte sie in dieser Zeit.

Kölner Jahre

Georg Ehrhart während eines Ausflugs mit dem 79. Lehrgang, 1960

Ein Telegramm rief mich kurz darauf nach Rodenkirchen bei Köln. Äußerlich noch immer zögernd, war ich innerlich wohl bereits hoffnungslos verhökert ... So mochte denn auch im Beiläufigen dies oder das mangelhaft sein, was ich zu Gesicht bekam, doch was ich sofort an Innerlichem und Wesentlichem zu erspüren glaubte, entschied. Überdies reizte gerade auch das Unvollkommene: hier blieb noch etwas zu schaffen. Und dies mit Buchhändlern, mit jenen liebenswerten Parteigängern des unsterblichen Don Quixote, durch ihren unentwegten Strauß mit den Windmühlenflügeln des prosaisch-materiellen Alltages nicht minder geadelt als jener. Ernüchtert allerdings hatte ich erst einmal das unmittelbar am Rhein gelegene Schulgebäude umrundet, ein weinlaubumwachsenes Stilungeheuer von Pseudo-Ritterschloß mit Rustika, Dach und Dächelchen, Söller und massigem Turm. Baujahr 1904. Auch die Innenräume entpuppten sich später entsprechend: mit kostbarstem Marmor und billigstem Stuck, mit plattenbelegtem Lichthof, Balustrade und antikisierenden Metopen, mit dereinst prächtigen Zimmern und einem Rokokosaal, worin die Vorlesungen vonstatten gingen. (Und gleichwohl hatte das Haus Atmosphäre; man mußte es lieben, sogar den Stuck. ‹Als wär's ein Stuck von mir.›) Was würde meine Frau zu

Kölner Jahre

> dieser Umsiedlung sagen? Doch als ich vom Uferweg aus zum Turm emporschaute, stand dort in riesigen Lettern ihr Name.
>
> *Georg Ehrhart: Leben – eine köstliche Sache, S. 318 f.*

Es hatte eine ganze Reihe von Bewerbungen für die anspruchsvolle und interessante Position gegeben.[29] Festzuhalten bleibt, dass mit Ehrhart, dessen pädagogische Grundsätze nach eigener Auskunft in Johann Heinrich Pestalozzi und in der deutschen Klassik sowie in den Erziehungs-, Entwicklungs- und Bildungsromanen von Karl Philipp Moritz, Goethe, Novalis, Adalbert Stifter, Gottfried Keller und Hermann Hesse wurzelten und der darüber hinaus Freimaurertum und Anthroposophie zu seinen geistigen Wurzeln zählte, eine für die weitere Schulentwicklung kaum zu überschätzende personelle Kontinuität eintrat.[30]

Grundlage für die schulische Arbeit in Rodenkirchen war ab Herbst 1954 das durch einen Erlass des Bundeswirtschaftsministeriums staatlich anerkannte Berufsbild für den Lehrberuf Buchhändler, ergänzt um verbindliche und einheitliche Prüfungsanforderungen für alle Auszubildenden. In den Jahren zuvor hatte es lediglich von den buchhändlerischen Landesverbänden durchgeführte Gehilfenprüfungen in uneinheitlicher Form gegeben.[31]

Kölner Jahre

Schüler:innen

In den ersten Jahren kamen, kaum überraschend angesichts der überall spürbaren gesellschaftlichen Verwerfungen durch den Zweiten Weltkrieg, viele Schüler:innen nach Köln, deren buchhändlerische Ausbildung durch Kriegsdienst und oft -gefangenschaft, Flucht oder andere Ereignisse verhindert oder unterbrochen worden war. Dieser Umstand wirkte sich auf den Altersdurchschnitt und den anfangs hohen Männeranteil in den Lehrgängen aus – von den 870 Teilnehmenden der Jahre 1946 bis 1950 waren 45,5 Prozent männlich, später sank der Anteil zeitweise auf 20 Prozent ab.[32] Ähnliches gilt für die bei Kursantritt vorhandenen schulischen Abschlüsse – in den Anfangsjahren gingen viele Abiturient:innen nach Köln, deren Anteil nahm mit dem westdeutschen Wirtschaftsaufschwung und der Erweiterung der beruflichen Optionen für angehende Akademiker:innen deutlich ab. Der Verlagsbuchhändler Heinz W. Burges, Dozent in Köln, schrieb zur Heterogenität der Schülerschaft in der Anfangszeit: «Unter den Schülern waren neben den jungen Leuten, die nach dem Kriege eine Buchhändlerlehre absolvierten, Firmenchefs von Verlagen, die eine Lehre nachweisen mußten, um die begehrte

Kölner Jahre

Verlagslizenz von den Besatzungsbehörden zu bekommen, ohne die kein Buch produziert werden konnte. Daneben fanden sich viele Hörer, die aus anderen Berufen zum Buchhandel stießen. Mancher ehemalige Offizier, einmal ein fast sechzigjähriger ausgedienter General, saßen unter den jungen Leuten im Auditorium. Oder ein Teepflanzer aus Sumatra, der sich nach Enteignung und Ausweisung eine neue Existenz im Buchhandel aufbauen wollte [...].»[33]

Unterricht bei Heinz W. Burges (1914–1994), Versandbuchhändler in Köln und Dozent an der Buchhändlerschule bis 1962

Alle Lehrgangsteilnehmer:innen wurden gebeten, im Vorfeld nicht nur einen ausführlichen Lebenslauf, sondern auch ein aus-

Kölner Jahre

sagekräftiges Porträtfoto nach Köln zu schicken, um gleich bei der Anreise eine namentliche Begrüßung zu ermöglichen. Dieses Verfahren wurde später in Frankfurt fortgeführt.[34] Die Kosten für den Schulbesuch hatten grundsätzlich die Schüler:innen selbst zu tragen; zur Erleichterung dieser nicht unerheblichen finanziellen Bürde wurde 1953 in Kooperation mit der Frankfurter Sparkasse von 1822 ein Sparsystem eingeführt. Gleichzeitig entwickelte es sich als «gute, nachahmenswerte Gepflogenheit», wie Heinrich Gonski befand, dass ein Teil- oder sogar der Gesamtbetrag der Kosten von den jeweiligen Ausbildungsbetrieben übernommen wurde.[35] Zuschüsse, falls erforderlich, konnten über die 1952 begründete Herbert Hoffmann-Gedächtnisstiftung und später über das Sozialwerk des Deutschen Buchhandels beantragt werden.[36] Die Lehrgangsgebühren lagen 1955 bei 220 DM für «Interne» («alle Kosten einschl. Verpflegung und Übernachtung») und 145 DM für «Externe» («alle Kosten ausschl. Übernachtung»).[37]

Einmal in der Buchhändlerschule angekommen, galt ein eng getakteter, mit Unterrichtseinheiten und sonstigen Beschäftigungen gefüllter Tagesplan, in den sich der eine oder die andere womöglich erst einfinden musste: Wecken am frühen Morgen, gemeinsames Frühstück, Vorlesungsbeginn um acht Uhr und so weiter. Eine ähnliche Eingewöhnung erforderten die räumlichen Gegebenheiten, denn es handelte sich ja in Marienburg und Rodenkirchen um nicht für den Internatsbetrieb konzipierte umgenutzte großbürgerliche Privathäuser. Im Eingangsbereich der Villa in Rodenkirchen gab es einen Briefkasten als «Meckerkiste» (Georg Ehrhart), über den Beschwerden, aber auch Wünsche und Anregungen an die Schulleitung kundgetan werden konnten: «Natürlich kann man diese auch mündlich vorbringen, doch könnte

Kölner Jahre

So urteilen frühere Lehrgangsteilnehmer über die Kölner Schule:

Aus Menden/Sauerland: „Dauernd gehen die Gedanken zurück nach Köln ... Solch eine einzigartig schöne, lehrreiche, interessante Zeit voll von konzentriertem Erleben, Verstehen und ‚potenzierendem Lernen' wird uns wohl nie mehr geboten."

Aus München: „Abgesehen davon, daß die landschaftliche Lage der Schule so großartig ist und daß so viele junge Menschen beisammen waren, war es doch in erster Linie die innere Atmosphäre, die eine ganz besondere Wirkung hatte. Und das haben doch alle gemerkt, selbst wenn sie angeblich nichts davon hielten."

Aus Frankfurt/M.: „Seit meiner Rückkehr aus Rodenkirchen habe ich nichts anderes mehr getan als gelernt! Die ersten Tage konnte ich mich freilich auf nichts konzentrieren, weil mir der Abschied noch zu sehr in den Knochen steckte. Ich habe immer nur *geheult* und wollte wieder nach Rodenkirchen."

Aus Freiburg/Br.: „Ich habe die Prüfung in Freiburg mit Lob bestanden! Das ist natürlich nur der Schule zuzuschreiben; zu schade, daß Gehilfen nicht auch nochmals nach Köln kommen können! Es war halt zu schön. Wir drei Kursgenossen schwelgen noch dauernd in Erinnerungen und sind darin einig, daß die Schule eine wunderbare und segensreiche Einrichtung ist."

Aus Hamburg: „Dankbar und bereichert denke ich oft an die schönen Stunden in Rodenkirchen zurück. Diese Wochen haben mir so viel fürs Leben gegeben; ich sehe alles mit anderen Augen an."

Aus München: „Die Gedanken wandern immer wieder zurück zur Schule ... Wie gut, daß wir dazu angehalten wurden, bewußter zu leben! Vielen von uns ist leider der Sinn für Güte, für ganze und nicht halbe Arbeit verlorengegangen ... Mir wurde klar, wie oberflächlich ich bisher noch immer gelesen hatte; und wenn ich jetzt ein Buch zur Hand nehme und sehe, daß auch im Kleinen treu gearbeitet wurde, so steigt meine Achtung vor dem Werk und seinem Schöpfer, und die Freude daran ist viel größer."

Aus Goslar: „Es war schwer, sich wieder in den Alltag zurückzufinden, und es gab viel Heimweh. Aber langsam fand ich mich wieder zurück, und dann machte sich der Segen der Schule bemerkbar. Nicht nur beruflich war ich ein Stück vorwärtsgekommen, nein, vor allem auch menschlich. Es ist vieles abgeschliffen worden, und ich habe viel gelernt in der Gemeinschaft mit gleichgesinnten Menschen. Die Stunden werden mir unvergeßlich bleiben!"

Aus Berlin: „Das waren wirklich sechs Wochen, die erfüllt waren von gegenseitiger Anregung und bester Kollegialität. Der einzige Fehler: Die Zeit war zu schnell herum. Aber ich hoffe, daß der Kontakt zu den Kollegen und zur Schule erhalten bleibt. Es tut so gut in einer Welt voll Mißtrauen, wenn man sich mit fast 70 Menschen so uneingeschränkt gut verstehen und mit jedem ein interessantes Gespräch führen kann. Heute beneide ich alle, die dort sind."

Aus Stuttgart-Bad Cannstatt: „Das Wesentliche der Kölner Schule schien mir zu sein, daß neben dem vielseitigen praktischen Wissen, das sie vermittelte, so viel Atmosphäre vorhanden war."

Aus Bremen: „So schöne Wochen werden nie wiederkehren ... Diese vielen Anregungen, dieser vielseitige Stoff ... Es wird lange, lange dauern, bis wir alles verarbeitet haben. Und wie schön war das Leben in der Gemeinschaft! Wir waren unbeschwert glücklich!"

«Dauernd gehen die Gedanken zurück nach Köln ...» - Werbebroschüre, 1955

Kölner Jahre

im Augenblick des Einfalls vielleicht nicht gerade Gelegenheit sein. Jedenfalls sind die Kursteilnehmer auch auf diese Weise zur Mitsprache aufgerufen. Nichts soll hintenherum gemunkelt und kritisiert, sondern all und alles soll ausgesprochen werden. [...] Die Stimmung in unserem Hause soll geprägt sein durch Offenheit und Vorbehaltlosigkeit, und nichts ist uns widerlicher als die sogenannte ‹krumme Tour›. Sie wird so leicht nicht verziehen.» [38]

In der Buchhändlerschule selbst wurde nicht nur gelernt, sondern auch zusammen mittels eines gemeinschaftlichen Schallplattenspielers klassische und moderne Musik gehört oder, gelegentlich, gefeiert.

In den 1950er Jahren konnte man im Rhein – trotz zunehmender Wasserverschmutzung durch Einleitungen industrieller Betriebe und gefährlicher Strömungsverhältnisse – noch baden und schwimmen. Sportliche Schüler:innen taten das regelmäßig.[39] Rodenkirchen galt wegen seiner schönen Rheinfront mit ausgedehntem Sandstrand, Bootsliegeplätzen und Ausflugslokalen als ‹Kölner Riviera›. An den Wochenenden wanderte man gemeinsam im Bergischen Land und unternahm Dampferausflüge in die nahe Bundeshauptstadt Bonn.[40] Nicht nur bei Veranstaltungen arbeitete die Buchhändlerschule eng

A cappella im Schlafanzug – Freizeitbeschäftigung in Rodenkirchen, undatiert

Kölner Jahre

mit der nahegelegenen Buchhandlung Köhl zusammen, die der umtriebige und lokalpolitisch engagierte Rudolf Köhl seit Januar 1952 zusammen mit seiner Ehefrau führte.[41]

Es wäre müßig, lange Reihen ehemaliger Teilnehmer:innen der Lehrgänge der Kölner Buchhändlerschule aufzuzählen, die später Bekanntheit in der Branche oder, im Einzelfall, darüber hinaus erreichten. Einige Stichworte müssen genügen: Der SPD-Politiker, nordrhein-westfälische Ministerpräsident, Kanzlerkandidat und Bundespräsident Johannes Rau (1931–2006) war im Frühjahr 1952 in Rodenkirchen (25. Lehrgang), er galt nach Auskunft seines später für den Freiburger Herder Verlag tätigen Mitschülers Ludwig Muth «als ein scheuer, zumindest sehr zurückhaltender Kollege».[42]

Dorothee Hess-Maier (*1936), Verlegerin und von 1989 bis 1992 erste Vorsteherin des Börsenvereins in Frankfurt am Main, erhielt während ihrer Kölner Schulzeit Nachhilfe in Buchhaltung von dem nachmaligen Wissenschaftsverleger Klaus G. Saur (*1941).[43] Anfang 1961 besuchte der Schriftsteller und Verleger Bernward Vesper (1938–1971) die Einrichtung, die ihm half bei der heiklen Ablösung von seinem autoritären Vater Will Vesper, der während des ‹Dritten Reichs› ein gefeierter völkischer Dichter gewesen war.[44] Schüler in Köln waren außerdem, um nur einige weitere Namen zu nennen, der Schriftsteller Horst Bingel (1933–2008), der Buchhändler Helmut Falter (*1935), der später die Mayersche Buchhandlung in Aachen zu einem führenden Filialisten ausbaute, der Verleger Ulrico Hoepli und die ‹Börsenblatt›-Redakteurin Marlott Linka Fenner (*1945).

Lernen mit Fluss- und Brückenpanorama – ‹Der Romanführer› erscheint seit 1952 (und bis heute) im Verlag Anton Hiersemann in Stuttgart

Der spätere Minister- und Bundespräsident Johannes Rau als Schüler in Rodenkirchen, vermutlich im Frühjahr 1952 (Friedrich-Ebert-Stiftung e. V., Archiv der sozialen Demokratie, Bonn)

Kölner Jahre

Mit dem Eintritt in unser Haus begibt sich der junge Mensch in ein pädagogisches Kraftfeld, das ihn zwar nicht im Was verändern, doch aber im Wie auf eine Praxis hinlenken will, die die Gegenstände der Erkenntnis nicht einseitig betrachtet, sondern um sich [sic] herumgeht. Den äußeren Ablauf der Tage bestimmt die Hausordnung. Um sechs Uhr fünfzehn weckt die Morgenglocke. Dann wird gemeinsam gefrühstückt (wie denn auch sämtliche Mahlzeiten gemeinsam sind). Die erste Vorlesung geht von acht Uhr bis neun Uhr dreißig. Bis halb elf Uhr ist Arbeitsstunde. Hier wird weiterbehandelt, was bei vorhergehenden Vorlesungen oder sonst wie «auf der Strecke geblieben» sein sollte. Die zweite Vorlesung läuft bis zwölf Uhr fünfzehn. Anschließend wird das Mittagessen eingenommen. Die Nachmittagspause dient dem Selbststudium, zu Spaziergängen oder zur Erledigung persönlicher Angelegenheiten. Sodann folgt die Nachmittagsvorlesung von sechzehn Uhr bis siebzehn Uhr dreißig oder auch bis achtzehn Uhr. Hernach wird das Abendessen verabreicht. An zwei oder drei Abenden in der Woche, jeweils von neunzehn Uhr fünfzehn bis zwanzig Uhr fünfundvierzig, kommen Schriftsteller, Vortragsmeister oder irgendwelche Buchfachleute zu uns. Um Viertel vor zehn schließt der Nachtwächter das Haustor; um zehn Uhr ist Hausruhe, das heißt, die

Kölner Jahre

> Schüler befinden sich in den Zimmern, dämpfen ihre allenfallsigen Palavers auf Zimmerlautstärke und dämmern so langsam hinüber ... An einem beliebigen Abend in der Woche ist verlängerter Ausgang möglich – letzter Termin halb ein Uhr. Samstags ist Ausgang bis halb ein Uhr ohne besondere Erlaubnis. Diese Regelungen unterliegen einem genauen Kontrollsystem. Es zählt, wie ich mich überzeugt habe, zu den großzügigsten im Bundesgebiet.
>
> *Georg Ehrhart: Leben – eine köstliche Sache, S. 332 f.*

Der intensive Austausch der Schüler:innen untereinander wirkte sich fruchtbar aus. Die besondere Kölner Nachkriegsatmosphäre, von modernen Aufbrüchen in Literatur, Kunst und Architektur geprägt, tat ein Übriges. Der langjährige Marbacher Museumsleiter Friedrich Pfäfflin (*1935), Mitte der 1950er Jahre als Verlagslehrling bei Ernst Klett Kursteilnehmer in Rodenkirchen, erinnert sich: «Ich fand diesen Sechs-Wochenkurs unter Kollegen und Kolleginnen beeindruckend. Man kam anders zurück, berufsorientierter, bestätigt oder inspiriert von Kollegen, die man dort kennenlernte. Dazu dieses Köln, die Böhm-Bauten wie St. Maria Königin, die Gerhard Marcks-Figur in einer Kirchenruine, der Barlach-Engel in der Antoniterkirche.»[45]

Kölner Jahre

Umzug nach Frankfurt 1962

Im April 1953 äußerte Josef Knecht (1897–1980), Freiburger Verleger und scheidender Vorsteher des Börsenvereins, in einem Brief an den Kollegen Hans Schulte: «Meine private Meinung ist, daß der Buchhandel sich in Frankfurt ein Schulhaus bauen und die Schule nach Frankfurt verlegen soll. In Frankfurt ist der Sitz des Börsenvereins, in Frankfurt ist die Deutsche Bibliothek, in Frankfurt sind sicherlich leicht Querverbindungen herzustellen, z. B. auch zu unserem marktanalytischen Institut. Dorthin gehört die Schule.»[46] Diese «private Meinung» Knechts dürfte von anderen Branchenteilnehmern geteilt worden sein, und dass Frankfurt am Main als Standort das Rennen machte, überrascht jedenfalls in der Rückschau nicht. In der zweiten Hälfte der 1950er Jahre wurde die Frage nach der Zukunft der stetig wachsenden Schule drängend – die Schüler:innenzahl stieg von 257 im ersten Jahr von Georg Ehrharts Schulleitertätigkeit, 1953, auf über 600 sechs Jahre später, 1959.[47] Die Teilnehmer:innenzahl je Lehrgang musste auf 75 beschränkt werden.

Im Oktober 1957 fasste die Hauptversammlung des Börsenvereins, der zusammen mit der Buchhändler-Vereinigung GmbH und

Kölner Jahre

dem Hessischen Verleger- und Buchhändler-Verband (sowie dem Kulturamt der Stadt Frankfurt als Untermieter) erst im Frühjahr 1953 einen als «Haus des Deutschen Buchhandels» bezeichneten Neubau im Großen Hirschgraben 17–19 in der Frankfurter Innenstadt bezogen hatte, den Grundsatzbeschluss, dass die Schule zu ihrer Weiterentwicklung eine angemessenere räumliche Infrastruktur benötige. Ein erneuter Umzug der Einrichtung im Kölner Raum schien denkbar und fand lokale politische Unterstützung, wenn auch ohne ausreichende finanzielle Flankierung. Attraktive Städte wie Darmstadt und Stuttgart bewarben sich beim Börsenverein schriftlich um eine Ansiedlung der Schule. Darmstadt bot ein Baugrundstück auf der Mathildenhöhe und ein günstiges städtisches Darlehen an.[48] Konkretere Überlegungen ergaben sich daraus, soweit aus den überlieferten Akten erkennbar, allerdings nicht. Anmerkungsweise sei notiert, dass sich Darmstadt bereits 1951 engagiert um die Ansiedlung von Börsenverein und Deutscher Bibliothek bemüht hatte – bekanntlich ohne Erfolg.[49]

Kurzzeitig schien das 1913 fertiggestellte Haus Langewiesche in Königstein im Taunus, das Wohn- und Verlagshaus des Verlegers Karl Robert Langewiesche (1874–1931), als Standort der Buchhändlerschule möglich. Einer Besichtigung des Gebäudes durch Vertreter des Börsenvereins im Januar 1958 folgte eine gründliche Prüfung der räumlichen und finanziellen Bedingungen – mit negativem Ergebnis, die unzureichenden Platzverhältnisse wären dort auch durch einen aufwendigen und entsprechend teuren Ausbau nicht vollständig zu beheben gewesen.[50]

Die Stadt Frankfurt vermittelte schließlich das nicht nur in finanzieller Hinsicht vorteilhafteste Angebot: ein rund 10.500 Quadratmeter großes Hanggrundstück an der Wilhelmshöher Straße

Kölner Jahre

283, kurz vor der Stadtgrenze gelegen (die benachbarten Orte Bergen und Enkheim wurden erst 1977 nach Frankfurt eingemeindet), auf dem außer den Gebäuden eines ehemaligen Gutshofs vor allem Apfelbäume auf Streuobstwiesen standen.

Am Stadtrand von Frankfurt am Main erheben sich, während ich diese Zeilen schreibe, die neuen geräumigen Schulgebäude aus dem Erdreich. Was erwarte ich von ihnen? Es wäre undankbar, zu verschweigen, daß unser gegenwärtiges Köln-Rodenkirchener Heim mit Vorzügen ausgestattet ist, die zum Teil sogar einzigartig sind. Die Lage am Rhein ist ohne Vergleich. Allein, was nützt das berückendste Kleid, wenn alle Nähte platzen? Und so wird es in Frankfurt erst einmal – ich koste es bereits vor, wenn ich besuchsweise über das Gelände wandere – ein befreites Aufatmen geben. Der hochgelegene Platz mit dem weiten Blick über die Goethe-Stadt hinüber zum Odenwald und dem Spessart verspricht mit vielen Obstbäumen Blüte und Frucht und frische Luft vom Taunus herüber. In den Gebäuden wird jeder Schüler den Raum und die Ecke finden, wo er lernen, sich besprechen oder in der Stille memorieren kann. Er soll in einem freundlichen Zimmer mit kleiner oder nur mäßig großer Kumpanei schlafen, morgens nicht mehr vor gewissen Türen Schlange stehen, nicht auf freiwerdende Wasch-

Kölner Jahre

> becken warten müssen und, wenn er baden will, Wanne und Brause genießen. Auch im Sommer wird jenes warme Wasser immerzu fließen, das es früher nur am Samstag gab – und auch nur im Winter. Der Kranke wird ein ruhiges Zimmer beziehen, und auch der Gastdozent bekommt seine ungestörte Bleibe. Im Gemeinschaftshaus wird sich's in- und außerhalb der Mahlzeiten im großen oder kleinen Eßraum wie in einem gemütlichen Kasino verweilen lassen. Und vor allem auch: die Wirtschaftsleiterin braucht sich nicht mehr mit einem unmöglichen Konglomerat von zusammengestoppelten Kochstellen herumzuquälen, sondern wird ein noch abwechslungsreicheres Essen hervorzaubern können als bisher. Die Schulgebäude liegen in der richtigen Nähe und Weite zur Stadt. Nah genug, um gute Veranstaltungen jeder Art besuchen zu können; weit genug, um nicht jeder versucherischen Laune nachzugeben und Abend für Abend wegzulaufen.
>
> *Georg Ehrhart: Leben – eine köstliche Sache, S. 335 f.*

Der topographische Reiz, den dieser «hochgelegene Platz mit dem weiten Blick über die Goethe-Stadt hinüber zum Odenwald und dem Spessart» (Georg Ehrhart) ausübte, lässt sich heute noch leicht nachvollziehen, auch wenn die alten Dörfer Seckbach, Bergen und Enkheim in den letzten Jahrzehnten stark gewachsen und städtischer geworden sind, wozu unter anderem die 1968 erfolgte Ansiedlung eines Alten- und Pflegeheims der Henry und

Kölner Jahre

Emma Budge-Stiftung in unmittelbarer Nachbarschaft der Buchhändlerschule beitrug. Als Architekten für das Bauprojekt gewann man Walter Schwagenscheidt (1886–1968) und Tassilo Sittmann (*1928). Schwagenscheidt, 1958 in die Prüfung der Königsteiner Langewiesche-Immobilie im Auftrag des Börsenvereins als Sachverständiger involviert, hatte vor 1933 unter anderem mit dem Frankfurter Stadtbaurat Ernst May zusammengearbeitet und war mit ihm für einige Jahre in die Sowjetunion gegangen. 1949 veröffentlichte er im Verlag Lambert Schneider in Heidelberg sein programmatisches und städtebaulich langfristig wirksames Hauptwerk ‹Die Raumstadt›.[51] Sittmann war 1952 als Jungarchitekt nach Abschluss seines Studiums in Schwagenscheidts Büro eingetreten. Neben Einzelbauten für private und öffentliche Auftraggeber im In- und Ausland erwarben sich beide Planer insbesondere mit dem 1959 ausgezeichneten und von 1962 bis 1968 ausgeführten Entwurf für die Frankfurter Großsiedlung Nordweststadt einen Namen in der Fachwelt und in der interessierten Öffentlichkeit.

Im Zusammenhang der Buchhändlerschule ist außerdem eine von Schwagenscheidt und Sittmann geplante und bis 1959 im öffentlichen Auftrag gebaute Jugendherberge in Odersbach bei Weilburg von Bedeutung, da hier auch an eine Funktion als Schullandheim und Kreisjugendheim gedacht war.[52] Das Odersbacher Vorbild spielte auch noch während der laufenden Bauarbeiten in Seckbach eine Rolle: Der Münchner Buchhändler Josef Söhngen (1894–1970), Inhaber der Buchhandlung L. Werner und von 1956 bis 1964 Vorsitzender des Ausschusses für Berufsbildung des Börsenvereins, reiste eigens im Juni 1960 zusammen mit Lambert Schneider, Georg Ehrhart, Norbert Heymer von der Buchhändler-Vereinigung und dem künftigen Hausmeister der Buchhändlerschule zur Besichtigung der neuen Anlage nach Odersbach und berichtete über den ganztägigen Aufenthalt im ‹Börsenblatt›.[53]

Am 23. Juni 1959 beschloss der Vorstand des Börsenvereins den Neubau in Seckbach.[54] Auch Reinhard Jaspert, Inhaber des Berliner Safari-Verlags und Vorsteher des Börsenvereins von 1956 bis 1959, war ein klarer Fürsprecher einer Übersiedlung an den Main.[55] Im Oktober 1959 wurde der Architektenvertrag für die Buchhändlerschule unterzeichnet.[56] Am 15. Mai 1960, Kantate, feierte man die Grundsteinlegung auf der Baustelle. Der Text der Grundsteinurkunde lautete: «Den jungen Menschen von heute eine vom Geist der Humanität geprägte Ausbildung zu geben, ist Sinn dieser Schule.» Ein halbes Jahr später, am 28. November 1960, wurde nach längeren Verhandlungen ein Vertrag zwischen Stadt Frankfurt und Börsenverein geschlossen, bei dem es um das Grundstück ging.

Bis zur feierlichen Einweihung am 16. August 1962, aus deren Anlass eine 240-seitige ‹Börsenblatt›-Sondernummer erschien und die Festgäste mit Omnibussen aus der Frankfurter Innenstadt nach Seckbach gebracht wurden, vergingen gut zwei Jahre, in denen die Arbeiten auf dem teilweise lehmigen Baugrund gelegentlich witterungsbedingt nur stockend vorangingen. Der Umzug aus Rodenkirchen fand Mitte November 1962 statt. Ab Anfang Dezember 1962 war die kleine Schulverwaltung in Frankfurt wieder voll arbeitsfähig. Anfang Januar 1963 schließlich begann mit dem 94. Lehrgang der reguläre Unterrichtsbetrieb. Der 100. Lehrgang wurde im Herbst 1963 durchgeführt.

Der Kontrast zu den beiden umgenutzten Villen in Köln-Marienburg und Rodenkirchen konnte kaum grundsätzlicher ausfallen: nüchtern-sachliche und zugleich in allen Details durchdachte Modernität mit vielfältigen inhaltlichen Anknüpfungen an progres-

Kölner Jahre

sive architektonische und städtebauliche Strömungen der 1920er und 1930er Jahre, die gerade im Frankfurter Wohnungsbau der Weimarer Republik einflussreich gewesen waren, standen im Vordergrund. Der Börsenverein als Bauherr unterstützte diese Linie ausdrücklich – ein bemerkenswertes Bekenntnis mit erheblichen politischen Implikationen, wenn man die zugrundeliegenden architekturgeschichtlichen Linien bedenkt. Der Seckbacher Campus manifestiert – wie andere Aktivitäten des Börsenvereins, zuerst der Friedenspreis und die Frankfurter Buchmesse – ein Angekommensein in der jungen westdeutschen Demokratie.

Das von Schwagenscheidt und Sittmann für die neue Buchhändlerschule entworfene «Raumprogramm» bestimmte die Aufteilung in Mensa, Schlaf-, Unterrichts- und Aufenthaltsräume. In Schwagenscheidts Worten: «Ohne Zusätzliches und Überflüssiges in Formen und Materialien. Jeder Raum für sich und alle zueinander, so zweckmäßig wie möglich. Praktisch, übersichtlich, leicht zu beaufsichtigen.»[57] Kabel und Rohrleitungen blieben überwiegend sichtbar, ebenso das Ziegelsteinmauerwerk der Räume und der Fassaden: «Würde man ein Verputzen der Häuser vorgesehen haben, dann hätte man die Mauern der Kosten wegen mit Bimshohlblocksteinen errichtet und damit hat man schlechte Erfahrungen gemacht. Bimsmaterial kam nach dem Krieg groß in Mode – es hat sich aber nicht immer durch gute Eigenschaften ausgezeichnet. Deshalb wurde hier der seit alters bewährte Ziegelstein gewählt, der gestrichen werden soll, wenn der Ausblühprozeß abgeschlossen ist.»[58] Auch die Dachterrasse mit Hauptblickrichtung nach Süden dürfte kaum zusätzlichen Aufwand bedeutet haben; sie bot sich aufgrund der Hanglage an. Ein Teil der vorhandenen Bebauung wurde auf überzeugende Weise einbezogen. Geschaffen wurde etwa eine verbindende Durchgangssituation zwischen

Kölner Jahre

dem vorderen, teilweise als Parkplatz und allgemeine Verkehrsfläche genutzten Grundstücksteil an der Wilhelmshöher Straße und dem eigentlichen, höher gelegenen Campus.

Postkarten aus der Frankfurter Frühzeit, 1960er Jahre; deutlich zu erkennen die offene Stützhalle des Internatsgebäudes (später geschlossen und baulich verändert)

Die Baukosten für die erste Ausbaustufe in Seckbach betrugen trotz sparsamer Planung rund 1,6 Millionen DM. Ein nicht unerheblicher Teil dieser Kosten – mehr als 700.000 DM – konnte durch eine Ende 1958 auf Beschluss der Hauptversammlung vom

Kölner Jahre

7. Oktober 1958 aufgesetzte Sonderumlage unter den Mitgliedern des Börsenvereins gedeckt werden, die nach Selbsteinschätzung ein Promille des Jahresumsatzes eines Mitgliedsunternehmens betrug, auf drei Jahresraten verteilt werden konnte und, besonders vorteilhaft, als Betriebsausgabe steuerlich abzugsfähig war.[59] Bereits auf der Abgeordnetenversammlung des Börsenvereins im November 1958 in Frankfurt hatte Johannes Thordsen (1899–1973), erfolgreicher und innovativer Reise- und Versandbuchhändler in Hamburg, einen Betrag in Höhe von 30.000 DM verbindlich zugesagt. Das Kölner Barsortiment Erich Wengenroth, der Schule seit ihren Anfängen eng verbunden, beteiligte sich mit 10.000 DM.

Die vorbildliche und keinesfalls selbstverständliche Bereitschaft der Branche zur Finanzierung des Frankfurter Neubaus legte Zeugnis ab für den Ruf, den sich die Buchhändlerschule in Köln und Rodenkirchen erworben hatte. Es blieb allerdings zunächst eine brancheninterne Unternehmung auch im Blick auf die Finanzierung des laufenden Betriebs: ein Antrag des Börsenvereins auf eine dauerhafte Förderung der Schule durch das Bundesministerium für Arbeit und Sozialordnung in Bonn wurde abschlägig beschieden.[60] Finanzielle Förderung erfuhr die Schule dann verschiedentlich nach dem Umzug nach Frankfurt durch das Bundesland Hessen, so 1966 durch einen verlorenen Zuschuss in Höhe von 30.000 DM.[61]

2008 Besuch von Bundesjustizministerin Zypries am Messemittwoch in Seckbach in der neu eröffneten Campusbuchhandlung. Vorstellung der neuen technischen Möglichkeiten wie E-Books und deren künftige Rolle in Buchhandel und Gesellschaft.

2008 81. Medienmittwoch in Seckbach zum Thema «Palettenware Buch? Wie kommt der Roman ins Feuilleton - und zu den Käufern».
von links nach rechts:
Matthias Müller (Organisator-Stellvertretender Geschäftsführer bei der IHK Frankfurt am Main), Monika Kolb (Geschäftsführerin, Schulen des deutschen Buchhandels), Moderator Axel Dielmann (axel dielmann - verlag), Hannes Hintermeier (Stellvertretender Ressortleiter Feuilleton, Frankfurter Allgemeine Zeitung), Uta Niederstraßer (Leitung Presse- und Öffentlichkeitsarbeit / Unternehmenskommunikation, Eichborn AG) .

2009 Das Schaufenster der zentral gelegenen Campusbuchhandlung wird regelmäßig von den Berufsschüler:innen selbst gestaltet. Hier ein entstandenes Alumni-Fenster.

2012 50jähriges Jubiliäum des mediacampus frankfurt mit Festreden, Musikalischen Beiträgen und Lesungen.

2012 Ute Kammerer (Springer Science+Business Media und stellvertretende Vorsitzende des Berufsbildungsausschusses) und Karin Schmidt-Friderichs (heutige Vorsteherin des Börsenvereins)

2012 Jubiläum: Alexander Skipis (Börsenverein-Hauptgeschäftsführer von 2005 bis 2021), Monika Kolb (Geschäftsführerin mediacampus frankfurt), Nicola Beer (Hessische Kultusministerin von 2012 bis 2014), Torsten Casimir (Chefredakteur des Börsenblatts) und Dr. Gottfried Honnefelder (Vorsteher des Börsenvereins des Deutschen Buchhandels von 2006 bis 2013)

2012 Jubiläum: Claudia Reitter (bis 2015 Geschäftsführerin Vertrieb und Marketing bei Random House), Markus Klose (ehemals kaufmännische Geschäftsführung für Vertrieb und Marketing bei Hoffmann und Campe) und Wolfgang Bertrams (ehemals Geschäftsführung bei Buchpartner)

2012 Jubiläum: Nicola Beer und Monika Kolb

2012 Jubiläum: Susanne Bez (Geschäftsleitung Umbreit)

2012 Der bekannte Literaturkritiker Denis Scheck («Druckfrisch», ARD) gab spannende und unterhaltsame Einblicke in seine Arbeit und sprach über seine Ansichten zur deutschen Literatur und Buchbranche.

2013 Schriftsteller Paul Maar besucht 2013 den mediacampus frankfurt und liest Kindern aus seiner Kinderbuchserie «Das Sams» vor.

2013 Der Campus im Wandel der Jahreszeiten: Im Frühling freuten sich Schüler:innen, Mitarbeiter:innen und Gäste über strahlendes Sonnenwetter.

2013 Rund 100 sportbegeisterte Mitarbeiter:innen aus Buchhandlungen, Verlagen, Barsortimenten und Bibliotheken fanden sich 2013 zum Bücher-Lauf am mediacampus zusammen, um einen gemeinsamen Lauf über den Frankfurter Lohrberg abzuhalten.

2014 4. Personal- und Ausbildertagung. Das Tagungsprogramm besteht aus Vorträgen, Workshops und Gruppenarbeiten rund ums Thema Ausbilden.

2014 4. Get-Together zwischen Azubis vom damaligen Berufsschulblock und dem Vorstand des Börsenvereins. Austausch zu Ausbildungsthemen sowie Karrierechancen nach bestandener IHK-Prüfung.

2015 war die Staatsministerin für Kultur und Medien, Monika Grütters, am Campus in Seckbach zu Gast, informierte sich über die buchhändlerische Ausbildung und sprach mit Auszubildenden.

2016 Der Campus als Ort des Austauschs und der Debatte: Man empfing den Friedenspreisträger Navid Kermani (links), Börsenvereins-Vorsteher Heinrich Riethmüller (mitte) und den Frankfurter Oberbürgermeister Peter Feldmann (rechts) im Rahmen einer Lesung.

2013 - 2016 Vorsicht Buch! Buchmarketingkampagne. Start Leipziger Buchmesse 2013. Hier ein überdimensionales nachgebautes Buch, dass die Interessenten nicht nur sprichwörtlich «fesseln» oder «umhauen» soll.

2016 Einer der Höhepunkte des Veranstaltungsjahres – Benedict Wells liest aus seinem Roman «Vom Ende der Einsamkeit».

2017 Der US-amerikanische Autor Morton Rhue war zu Gast am mediacampus und begeisterte die Zuhörenden mit seinem Roman «Über uns Stille».

2018 Auf dem Young Professionals' Day am Frankfurter Buchmesse-Samstag konnten interessierte Nachwuchskräfte mit Branchengrößen ins Gespräch kommen und in Vorträgen Spannendes erfahren. Die Veranstaltung wurde bereits mehrmals vom mediacampus frankfurt, dem Börsenverein und der Frankfurter Buchmesse organisiert

2019 Das Azubistro ist der Treff für Auszubildende und Nachwuchskräfte aus der Buchbranche auf der Frankfurter Buchmesse mit Cafébetrieb und eigenem Veranstaltungsprogramm. Es wird alljährlich von den Auszubildenden betreut, die zu dieser Zeit am Campus die Berufsschule besuchen.

2018 Karen Köhler gastiert im August mit Ihrem ersten Roman «Miroloi» – das Werk war in diesem Jahr für den Deutschen Buchpreis nominiert worden – am Campus.

2020 Über Social Media findet seit einigen Jahren ein lebendiger Austausch mit Schüler:innen, Seminarist:innen, Gästen und Partnerunternehmen statt.

2020 Bei dieser vorpandemischen Abendveranstaltung in 2020 tauschten die Schüler:innen ihre Vorlesekünste gegen einen Haarschnitt.

2020 Alternative zum Auto: Seit den 2010er Jahren bewegt das Thema Nachhaltigkeit den mediacampus frankfurt und seine Gäste in besonderem Maße. Inzwischen gibt es die Möglichkeit, sich E-Bikes auszuleihen.

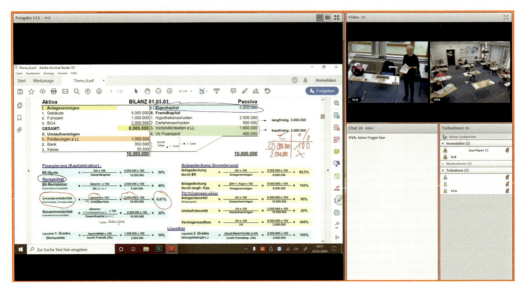

2020 Digitalisierung des Unterrichts: Die Dozent:innen des mediacampus frankfurt gestalteten während der Schulschließung im Frühjahr 2020 per Webinarsoftware gemeinsam mit den Lernenden den Unterricht. Hier: Hermann Frankfurth im Fach Rechnungswesen.

2020 Unterricht in Pandemiezeiten: Bereits in der zweiten Jahreshälfte 2020 waren Lerneinheiten mit Maske und Abstand und das Lernen in geteilten Gruppengang und gäbe. Der zweite Teil der Gruppe auf diesem Bild ist digital zugeschaltet.

2020 Smartboards und Konferenztechnik in allen Klassenräumen – unterstützt durch Fördermittel des «Digitalpakt Schule» ab 2019 – ermöglichen innovativen Unterricht.

2020 Ein umfangreicher Hygieneplan sicherte 2020 nach der ersten Phase der Pandemie die Rückkehr in den Präsenzunterricht.

2021 Besondere Zeiten: Schüler:innen hielten Ihre Erlebnisse während der Pandemie schriftlich fest und vergruben sie in einer Zeitkapsel – um diese im Jahr 2031, zehn Jahre später also, wieder gemeinsam zu öffnen.

2021 Die hessische Digitalministerin Kristina Sinemus (links) besuchte den mediacampus auf Einladung im Herbst 2021, um sich ein Bild der digitalen und hybriden Unterrichtskonzepte zu machen - hier im Gespräch mit der pädagogischen Schulleiterin Nele Drewello (rechts).

2021 Stand des mediacampus frankfurt auf der Frankfurter Buchmesse: In der Pandemie ergänzten digitale Live-Events das Beratungsangebot vor Ort.

FRANKFURT AM MAIN

Frankfurt am Main

Personelle Kontinuität, neue Dozent:innen

Georg Ehrhart, der sich aus allgemeinen großstadtkritischen Erwägungen (er fürchtete eine Ablenkung der Schüler:innen) intern für Darmstadt als neuen Standort ausgesprochen hatte, blieb auch in Frankfurt Schulleiter, bezog ein Wohnhaus auf dem Campus – und trug auf diese Weise zu einem reibungslosen Übergang bei.[62]

Nachfolger Ehrharts, der nach seiner Pensionierung zum Jahresende 1965 bis in die frühen 1970er Jahre der Schule als Dozent erhalten blieb, wurde im April 1966 der promovierte Literaturwissenschaftler und zuvor im staatlichen Schuldienst tätige Rudolf Sturm (1912–1997).[63] Sturm war, unter anderem nach Äußerungen im ‹Börsenblatt› geurteilt, ein bildungspolitisch gewiefter Pragmatiker, der sich sehr rasch in sein Aufgabengebiet und sein neues Leitungsamt einarbeitete – auch wenn er andererseits seine persönliche Leidenschaft für den spätmittelalterlichen französischen Dichter François Villon mit den Schüler:innen zu teilen pflegte. Legendär waren die Seckbacher Villon-Abende, bei de-

Frankfurt am Main

nen Sturm selbst Villon-Lieder rezitierte, Klaus Kinskis berühmte Sprechplatten aus dem Jahr 1959 vorspielte und dazu bibliophile Stücke aus seiner bedeutenden privaten Villon-Sammlung herumgehen ließ.[64] Der wohl von Kristof Wachinger verfasste Nachruf im ‹Börsenblatt› beschreibt ihn wegen seiner ausgleichenden und menschenzugewandten Art als ‹integer vitae› («so nennt der alte Horaz jemanden, der keine Waffen hat und auch keine braucht»).[65]

Unter Rudolf Sturms Ägide fallen unter anderem die Ablösung der sechswöchigen Lehrgänge durch kürzere Formate für Auszubildende im zweiten oder dritten Lehrjahr (unter dem Rubrum

Rudolf Sturm, Schulleiter von 1966 bis 1977

Frankfurt am Main

‹überbetriebliche Ausbildung›) sowie die Einrichtung von neunwöchigen Ersatz-Berufsschul-Lehrgängen (bekannter unter der eingängigen Abkürzung EBL).

Als nachhaltig erfolgreich erwies sich die Einführung von ‹Intensivkursen zur Wiedereingliederung und Umschulung in den Sortimentsbuchhandel› (kurz WUK) ab Februar 1973. Zum Hintergrund dieses Formats schrieb Herbert Paulerberg rückblickend: «Die Idee hatte 1971 der damalige Berufsbildungs-Referent des Börsenvereins, Georg Lüdicke. ‹Denen, die Buchhändler waren und die zwischenzeitlich etwas anderes taten, zum Beispiel Kinder großziehen, und die jetzt wieder in diesen Beruf zurück möchten – für diese Zielgruppe haben wir kein Angebot›, so Georg Lüdicke damals, und spielte der Schule den Ball zu. Der Autor dieses Artikels, Sortimentskunde-Dozent in Seckbach, bekam daraufhin den Auftrag, sich ein Programm zusammenzustellen, was er auch tat. […] In den ersten Jahren besuchten vorzugsweise Hausfrauen mit buchhändlerischer Vergangenheit den Kurs. Aber seit den 80er Jahren hat sich das gründlich geändert. Gewiß, ehemalige Buchhändlerinnen und Buchhändler kommen nach wie vor, aber jetzt sind es oft auch Gründungswillige, denen die Bank sagt: ‹Bei Ihnen sieht es mit den fachlichen Voraussetzungen nicht so gut aus. Besuchen Sie den WUK, und dann sehen wir weiter.›»[66]

In Bezug auf den Lehrgang wurde mit der Ablösung eine fast drei Jahrzehnte alte Kölner Tradition abgeschnitten. Der Tragweite der Entscheidung war sich Sturm bewusst, wie einem 1976 im ‹Börsenblatt› veröffentlichten Rückblick zu entnehmen ist: «Der Abschied vom Sechs-Wochen-Lehrgang ist dem Lehrkollegium nicht leicht gefallen. In der 1975 praktizierten Form war dieser Lehrgangstyp zwar im Detail noch verbesserungsbedürftig, in der

Grundkonzeption jedoch fast ‹ausgereift›. Für seine Abschaffung sprachen denn auch letztlich sachfremde Argumente: Zahlreiche Firmeninhaber waren begreiflicherweise nicht bereit, ihre berufsschulpflichtigen Auszubildenden, die vielerorts einen Blockunterricht von zehn bis 13 Wochen pro Jahr zu absolvieren haben, zusätzlich auch noch für sechs Wochen nach Seckbach zu schicken. Hinzu kommt, daß angesichts der allgemeinen Kostensteigerung die Teilnehmergebühr für den Sechs-Wochen-Lehrgang auf eine nicht mehr zumutbare Höhe geklettert wäre. So wurde von vielen Firmen eine Verkürzung gefordert.»[67]

Mit Sturms Amtsantritt verband sich eine weitere organisatorische Anpassung, welche die Beziehungen zum Buchhändlerhaus im Großen Hirschgraben in der Frankfurter Innenstadt betraf: Börsenverein und Buchhändler-Vereinigung GmbH hatten am 31. März 1966 einen Vertrag über die wirtschaftliche Führung der Schule geschlossen, der dem Geschäftsführer der Buchhändler-Vereinigung weitreichende Verantwortung für alle finanziellen und personellen Belange in Seckbach gab.

ICH HATTE KEINE ZIGARETTE

Das Boot war leicht, und schnell paddelte ich vom Anleger fort. Ich wollte diesen herrlichen Sommersonntag genießen, hatte man doch so lange auf gutes Wetter warten müssen. Etwa in der Mitte des Meeres, in Höhe des alten Flughafens, legte ich das Paddel vor mich hin und ließ mich treiben. ‹Jetzt eine Zigarette›, dachte ich und wollte die Schachtel aus der

Frankfurt am Main

Tasche nehmen. Nichts?! Keine Schachtel, keine Zigarette! Alles Suchen half nichts, ich hatte keine bei mir. Woher nehmen mitten auf dem Zwischenahner Meer? ‹Natürlich›, redete ich mir ein, ‹brauchst du nicht unbedingt jetzt [zu] rauchen!› – Aber ich war zu sehr an dieses Laster gewöhnt, um leichten Herzens zu verzichten.

Ein Segelboot kreuzte meinen Kurs, das Liebespaar darin konnte man schlecht bitten. Zwei junge Männer in einem Ruderboot kamen ebenfalls nicht in Frage, sicher hätten sie die Bitte um eine Zigarette als «Annäherungsversuch» aufgefaßt. Suchend blickte ich mich um. Steuerbords entdeckte ich ein Mädchen in einem Paddelboot, sie rauchte! Kurzentschlossen ergriff ich mein Paddel und bewegte mein Boot auf die Unbekannte zu, die mir leicht erstaunt entgegensah. Ich grüßte und brachte meine Bitte hervor: «Bitte entschuldigen Sie den Überfall, würden Sie mir wohl eine Zigarette verkaufen? Ich vergaß, mir eine Schachtel einzustecken.» «Aber sicher können Sie eine haben», erwiderte die Fremde bereitwillig und kramte in ihrer Tasche.

Wir brachten unsere Boote längsseits und das Manöver gelang ohne Schwierigkeiten. Meine Zigarette brannte, befriedigt hätte ich nun von dannen ziehen können. Statt dessen paddelten wir nebeneinander her und waren unversehens in einer Unterhaltung über den See – der Meer genannt wird – und seine Entstehung. Ich erzählte, daß der Sage nach

Frankfurt am Main

ein Riese in wildem Zorn ein großes Stück Wald eben hier herausgerissen und hundert Kilometer weit fort wieder fallen ließ. Hier sei der See entstanden, in einer gänzlich flachen Landschaft aber ein kleiner Hügel. Die Fremde lachte und meinte, ich müsse sicher aus dieser Gegend sein, wenn ich dies wüßte. «Ja, ich bin hier geboren», beantwortete ich die Frage. «Sie aber kommen sicher aus Süddeutschland, oder täusche ich mich?» Nein, ich tat es nicht, und sie war zum ersten Mal hier in Zwischenahn. «Eine Kollegin hat mir in der Frankfurter Schule soviel von diesem Fleck vorgeschwärmt, daß ich nun meinen Urlaub hier verbringe», erzählte sie.

Bei «Frankfurter Schule» horchte ich auf. «Meinen Sie etwa die Buchhändlerschule?» fragte ich geradezu. «Ja», antwortete sie. «Kennen Sie die etwa auch? Dann sind sie Buchhändlerin?» «Ich bin es», sagte ich, «und war noch in der Kölner Schule, der alten Villa.» Wir priesen den Zufall, der zwei Buchhändlerinnen auf dem Zwischenahner Meer zusammen brachte! «Zufall» sei es sicher nicht, wenn ausgerechnet die Suche nach einer Zigarette dies bewerkstelligt habe bei der Verbreitung dieses Lasters in der Schule! Gleichgültig, ob in Köln oder Frankfurt.

Alsbald war ein munteres Erzählen und Berichten aus der Schulzeit im Gange, wir waren uns einig darin, daß es für jeden von uns ein großes Erlebnis gewesen sei. «In der alten Schule in Rodenkirchen

Frankfurt am Main

muß es doch sehr primitiv gewesen sein, den Erzählungen der Lehrer nach», sagte meine Kollegin aus dem Süden. Nun, ich kann verstehen, wenn jemand, der nur die moderne neue Schule in Frankfurt kennt mit allen Vorzügen der Raumausdehnung und mit den großzügigen «sanitären Anlagen» eines Neubaus, die Villa in Rodenkirchen als primitiv empfinden muß. Trotzdem lasse ich nichts auf unsere Kölner Schule kommen. Darum sagte ich: «Ich bin überzeugt, daß alle, die in dem alten Gemäuer waren, sich bei einem zweiten Lehrgang noch einmal für die Villa entscheiden würden, wenn sie die Wahl hätten zwischen dem alten und dem neuen Gebäude.»

Meine Kollegin gab das nicht ohne weiteres zu: «Ich weiß ja nur aus Erzählungen von der alten Schule, aber Sie wissen auch nicht genau, wie ein Lehrgang in der neuen Schule ist, oder waren Sie dort?» Darauf muss ich bekennen, nur besuchsweise in der Frankfurter Schule gewesen zu sein, die mich sehr beeindruckte. «Nun», sagte meine Kollegin, «jeder hält sein Schulerlebnis und seinen Lehrgang für einzigartig. – Sicher gibt es auch einige, die sich in der Schule nicht wohlfühlten, aber die sind sicher sehr selten.»

Inzwischen waren wir ans rechte Ufer des Meeres geraten und wendeten, um wieder zum Anleger zu kommen, unsere Paddelzeit war fast vorüber. Ich befand mich in Gedanken in der Schule, fühlte mich

Frankfurt am Main

> in die Gemeinschaft unseres Lehrgangs zurückversetzt und erkannte, daß dies – die Gemeinschaft innerhalb des Lehrgangs und des Zimmers immer ein Erlebnis sein würde, unabhängig von alten oder neuen Gebäuden. Nicht diese, sondern die Atmosphäre, die in der Schule herrschte, bestimmt von der Wechselwirkung Lehrer – Schüler und dem Zusammenleben so verschiedener Charaktere in den Zimmern bestimmte das Erlebnis für jeden Einzelnen. Meine Kollegin aus dem Süden hatte recht. Gemeinsam paddelten wir in den Hafen, stiegen aus und verabschiedeten uns wie alte Bekannte: «Wenn wir uns irgendwo wiedersehen, vielleicht zur Messe und als Gäste der Schule?» ...
> Lisa Bohms, Hannover
>
> *Lisa Bohms: Ich hatte keine Zigarette. In: Dank an Georg Ehrhart. Festschrift zur Verabschiedung des Leiters der Deutschen Buchhändlerschule, Frankfurt. Gedanken und Gedichte, Erinnerungen und Einfälle ehemaliger Schüler. Hrsg. von Wulf Köster. Bad Salzuflen 1965. Masch. vervielfältigt. 35 nicht gezählte Blätter, hier die Blätter 17 bis 19*

 In den Frankfurter Jahren stießen viele neue Dozent:innen zur wachsenden Buchhändlerschule – nebenberuflich beispielsweise der Autor und Kinder- und Jugendbuchverleger Hans-Joachim Gelberg (1930–2020), der Suhrkamp-Verleger Siegfried Unseld (1924–2002) sowie der Buchgestalter Hans Peter Willberg (1930–

Frankfurt am Main

Jahrgangsbuch 1966: Nach Zimmerbelegung während der Berufsschulblöcke, Zimmer 14 im alten Internatsgebäude

2003). Arnulf Liebing (1927–2009) und später Erich Carlsohn (1901–1987) vertraten den Antiquariatsbuchhandel (ein um 1970 von Carlsohn und anderen unterstützter Versuch, in Seckbach ein Seminarangebot speziell für Antiquar:innen anzubieten, scheiterte an zu wenigen Anmeldungen). Hans Altenhein (*1927) trat an der Fachschule als Gastdozent für ‹Medientheorie› auf – «damals ein verfrühtes Experiment», wie Altenhein aus der Rückschau urteilt.[68] Auch ein evangelischer und ein katholischer Pfarrer, die, konfessionell getrennt, für die Schüler:innen aus einigen Bundesländern Religionslehre unterrichteten, tauchten 1976 in einer Personalübersicht auf.[69]

Zu den hauptamtlichen Dozenten zählte ab 1963 der promovierte Osteuropa-Historiker Klaus-Dietrich Staemmler (1921–1999),

Frankfurt am Main

der später als Übersetzer polnischer Autoren wie Zbigniew Herbert, Stanisław Lem und Andrzej Szczypiorski eine bedeutende und sowohl in Deutschland als auch in Polen weithin anerkannte Kulturvermittlerrolle einnahm.[70] Staemmler, der bis 1986 in Seckbach unterrichtete und über viele Jahre das Amt des stellvertretenden Schuldirektors bekleidete, wirkte 1966 und 1977 jeweils für eine Übergangszeit als kommissarischer Direktor der Buchhändlerschule (für den Übergang von Georg Ehrhart zu Rudolf Sturm und von Rudolf Sturm zu Herbert Degenhardt).

DEUTSCHE BUCHHÄNDLERSCHULE
IM BÖRSENVEREIN DES DEUTSCHEN BUCHHANDELS E. V.

6 Frankfurt (Main) NO 14 · Wilhelmshöher Straße 283

Postscheckkonto Frankfurt (Main) 7035

9. Aug. 1965

Kraftfahrzeuge (gleich welcher Art) dürfen nicht mitgebracht werden.

Geschäftliche Zuschriften bitte nicht an Personen, sondern an die Schule richten, da sich sonst Verzögerungen ergeben könnten.

Die Bundesbahn gewährt keine Fahrpreisermäßigungen mehr.

Bitte aufmerksam lesen!

An die Teilnehmer des 113. Lehrgangs.

Sie sind zu dem obigen Lehrgang **rechtsverbindlich** angemeldet, und ich bitte Sie nunmehr, sich am **13. Sep. 1965** bis spätestens 18 Uhr hier einzufinden. **Ihr Eintreffen bis dahin ist unbedingt erforderlich.** Wer zu spät kommt, muß mit Nachteilen rechnen. Nicht vor dem genannten Tag anreisen!

Bitte senden Sie Ihr Gepäck rechtzeitig **voraus** (Bahnanschrift Frankfurt-Mainkur). Halten Sie mit Ihrer Garderobe maß! Der Raum dafür ist nicht unbeschränkt. Sogenannte **Pfennig- und Bleistiftabsätze** können in den mit Linoleum ausgelegten Räumen leider unter keinen Umständen zugelassen werden. Bitte bringen Sie also entsprechende andere Schuhe mit.

Sie erreichen die Schule wie folgt: Ab Hauptbahnhof Straßenbahn Linie 15 (Richtung Inheidener Straße) bis Saalburgallee, dort umsteigen und mit Linie 20 (Richtung Bergen) bis Haltestelle Wilhelmshöher Straße. Von dort 1 Minute Fußweg in Richtung Seckbach (westlich).

An Bettzeug sind erforderlich: zwei Laken, zwei Deckbettüberzüge 130 x 200.

Schicken Sie die anhängende Teilnahmebestätigung **sorgfältig** ausgefüllt **postwendend** hierher. Ist sie nicht 10 Tage vor dem Lehrgangsbeginn eingetroffen, so wird Ihr Platz anderweitig angeboten. **Kann er nicht mehr besetzt werden, so sind Sie gemäß Ihrer rechtsverbindlichen Anmeldung schadenersatzpflichtig.**

Überweisen Sie DM 400,— auf das Postscheckkonto Frankfurt (Main) Nr. 7035 Buchhändlervereinigung GmbH, Buchhändlerschule. Für Rheinland-Westfalen ermäßigt sich der Betrag um DM 50,—.

Schicken Sie bitte zusammen mit der Teilnahmebestätigung einen **ausführlichen** Lebenslauf und 3 **neue** mit Namen versehene Paßbilder voraus.

Wenn Sie ärgerliche Schwierigkeiten vermeiden wollen, dann studieren Sie bitte auch das anhängende Merkblatt recht aufmerksam, selbst wenn Sie es schon einmal gelesen haben sollten.

Ich freue mich auf Ihr Kommen und auf eine gute Zusammenarbeit.

Georg Ehrhart

Einladungs- und Informationsschreiben für die Teilnehmer:innen des 113. Lehrgangs, August 1965

Frankfurt am Main

1968

Auf den Frankfurter Buchmessen 1967 und vor allem 1968 war es zu heftigen und teilweise gewalttätigen Protesten überwiegend studentischer Gruppen gegen Verlage des Axel Springer-Konzerns sowie an Ständen von Verlagen aus Südafrika, Spanien und Griechenland gekommen; auch Branchenmitglieder beteiligten sich daran. Wütende Demonstrierende (auch im Umfeld der feierlichen Verleihung des Friedenspreises des Deutschen Buchhandels in der Frankfurter Paulskirche, den im September 1968 der senegalesische Staatspräsident und Dichter Léopold Sédar Senghor erhielt), für damalige Verhältnisse martialisch ausgestattete Polizeibeamte auf dem Messegelände, zeitweise gesperrte Messehallen und -eingänge, Verhaftungen, eine nervös und ungeschickt agierende Leitung der Buchmesse, ein verunsicherter Börsenverein – vielen Beteiligten erschienen die Ereignisse als Zäsur.[71]

Auch auf dem Seckbacher Campus änderten sich in den ausgehenden 1960er Jahren die Zeiten. In den Diskussionen tauchte gelegentlich das kritische Schlagwort von der Buchhändlerschule als «Unternehmerschule» auf.[72] Das war eine im Blick auf Grün-

Frankfurt am Main

dungsumstände und Frühgeschichte der Einrichtung nicht gänzlich unzutreffende, aber doch recht einseitige Bezeichnung. Eine der Hauptforderungen aus dem Kreis von politisch engagierten Auszubildenden und jüngeren Buchhändler:innen lautete: gleichberechtigte Mitsprache bei Inhalten und Organisation der Ausbildung, Arbeitsgemeinschaften statt Frontalunterricht, größere Praxisnähe, Abkehr von einem vermeintlich oder tatsächlich bürgerlich-elitären Literaturverständnis. Die geforderte Mitsprache wurde, wenn auch anfangs zögerlich, gewährt, indem etwa eine Vertretung der Auszubildenden ohne Stimmrecht an den Sitzungen des Kuratoriums teilnehmen durfte. Zwei von Rudolf Sturm angeregte «Hearings» auf dem Seckbacher Campus wurden im August 1969 und April 1970 abgehalten; sie brachten trotz aufge-

Diskussionsrunde Schüler:innen und Dozenten zum Thema gleichberechtigte Mitsprache bei Inhalten und Organisation der Ausbildung

Frankfurt am Main

heizter Atmosphäre eine gewisse Annäherung zu strittigen Punkten wie Ausbildungsbefugnis, Bildungsurlaub, Tariffragen und Fachklassenunterricht.[73]

Zur Versachlichung der hitzigen Debatten trugen bereits Sturms ‹18 Thesen zur Frage der Verbesserung der Ausbildung und der Fortbildungsmöglichkeiten im Buchhandel› bei, im Februar 1969 als Referat während des 2. Deutschen Buchhändler-Seminars gehalten und etwas später, im Mai 1969, im ‹Börsenblatt› veröffentlicht.[74] Darin geht es unter anderem um die Verbesserung des Unterrichts in den Buchhandelsfachklassen der Berufsschulen, die Abstimmung der Prüfungsanforderungen zwischen den Landesverbänden des Börsenvereins, die «Zubilligung des Rechts zum Besuch der Deutschen Buchhändlerschule für jeden Lehrling ohne Anrechnung auf den Jahresurlaub», die «Sanierung der Gehaltssituation im Buchhandel» sowie die «Schaffung von Aufstiegspositionen im Buchhandel». Auch von «vorbereitenden Maßnahmen zur Gründung einer Fachschule des Deutschen Buchhandels» als «Mittelbau» in einem «als Grundlage für beruflichen Aufstieg» zu schaffenden «dreigliedrigen Ausbildungs- und Fortbildungssystem» ist in Sturms Thesen die Rede. In der redaktionellen Vorbemerkung heißt es: «Diese Thesen wurden von den Teilnehmern des 2. Deutschen Buchhandels-Seminars

Unterrichtseinheit mit zeitgenössisch-zeitgemäßer technischer Ausstattung: Overhead- und Filmprojektor

ausführlich und lebhaft diskutiert und fanden einhellige Zustimmung. Auch der 133. Lehrgang der Deutschen Buchhändlerschule, der anschließend an das Seminar stattfand, hat die Thesen eingehend durchgesprochen und sich in einer Resolution hinter die Forderungen Dr. Sturms gestellt.»[75] In wesentlich ausgearbeiteter Form erschienen Rudolf Sturms Überlegungen im Frühjahr 1971 im ‹Börsenblatt› unter der Überschrift ‹Modell Seckbach›.[76]

Der Unterrichtsstil änderte sich in den folgenden Jahren. Partizipative Formen, zum Beispiel Arbeitsgemeinschaften, fanden gegenüber dem frontalen Vortrag stärkere Berücksichtigung bei der Wissensvermittlung. Das entsprach allgemeinen pädagogischen Entwicklungen in Westdeutschland, vor allem an den Universitäten und sonstigen Hochschulen, aber auch an vielen weiterführenden Schulen.

Ich kam nach Seckbach mit starken Vorurteilen gegen jede Art von Schule, bestätigt durch Gymnasium und Berufsschule. Schule bedeutete für mich sinnlose Paukerei sinnloser Inhalte, und ich würde auch heute noch den Lehrstoff, den mir die staatlichen Schulen vermittelt haben, als überflüssig bezeichnen. In Seckbach habe ich erfahren, daß Schule Spaß machen und sinnvoll sein kann, bin dazu motiviert worden, den Lehrstoff in der Freizeit zu erweitern. Hier haben wir fürs Leben, für unseren Beruf gelernt. Und das Gelernte ließ sich in der Praxis anwenden, bedeutete eine Bereicherung in der täglichen Arbeit. Hier, und nicht in der «Schule» haben wir lernen gelernt.

Abends wurde diskutiert. Eine Flasche Rotwein, damals für 1,98 Mark zu erwerben, stand auf dem Tisch, die Reserveflaschen im Bad. Wir haben nächtelang auf Schlaf verzichtet, uns die Köpfe heiß geredet und waren trotzdem am nächsten Morgen wieder fit für die Vorlesung. Wir wollten auf beides nicht verzichten: das Lernen und das Diskutieren. Hier, in der Diskussion, bekam der Beruf Konturen, wurde der eigene Horizont über den Lehrbetrieb hinaus erweitert, kam die Anregung, andere Bereiche des Buchhandels kennenzulernen, kam der Antrieb, trotz der miesen Bezahlung weiterzumachen.

Hans-Joachim Wörner: Es war ein neuer Start. Rückblick nach fünf Jahren. «Jahrgang 1971» – Lohnt sich der Besuch der Schule? In: 30 Jahre Deutsche Buchhändlerschule (1976), S. 1673 f., hier S. 1673

Im September 1963 hatte der Frankfurter Verleger Siegfried Unseld in einem Referat vor der Abgeordnetenversammlung des Börsenvereins die Begründung von Seminaren speziell für Führungskräfte der Branche angeregt.[77] Unselds Vorschläge stießen auf ein geteiltes Echo in der von inhabergeführten Betrieben geprägten Branche, die sich ihre Nachwuchskräfte schon aus Kostengründen bevorzugt selbst heranzog. Unselds Schlusssatz lautete: «Ein Berufsstand hat für die Zukunft immer die Aussichten, die er selbst seinem Nachwuchs einräumt.» Das ‹Börsenblatt› notierte diplomatisch eine «außerordentlich lebhafte Diskussion» der Ausführungen Unselds.[78] Erst im Februar und März 1968 konnte das erste vierwöchige Deutsche Buchhändler-Seminar für 30 jüngere Führungskräfte in Seckbach ausgerichtet werden; vorausgegangen war ein Auswahlverfahren, um die 54 eingegangenen Bewerbungen zu bearbeiten.

Die Referent:innen des Buchhändler-Seminars hatten es oftmals mit diskussionsfreudigem Nachwuchs zu tun. Vom 4. Seminar notierte Unseld am 26. Februar 1971: «Mein Vortrag über Programm- und Finanzplanung im literarischen Verlag. Dr. Sturm hat mir die diesmalige Zusammensetzung als harmlos und freundlich, ohne Radikalinskis geschildert, aber dann war die Sache doch anders. Schon bei meinem Vortrag spürte ich einen gewissen Widerstand; in der Pause kamen dann die Leute zu mir und wollten sich mit mir verbünden über eine Sprengung des Seminars. Der Referate-Stil sei unmöglich. […] Die Diskussion verlief sehr interessant, auch im nachhinein wurden meine Ausführungen von den Seminaristen positiv aufgenommen.»[79]

Am Abend dieses Seminartags las Uwe Johnson (1934–1984) für die Seminarteilnehmer:innen aus seinem Roman ‹Jahrestage. Aus dem Leben von Gesine Cresspahl› («Lesung und anschließendes Zusammensein mit den Seminaristen»), wohl aus dem im Suhrkamp-Herbstprogramm 1971 veröffentlichten zweiten Band.[80]

Bis 1974 wurde das Deutsche Buchhändler-Seminar jährlich durchgeführt. 1975 pausierte man, 1976 fand das Seminar ein letztes Mal statt, aus Kostengründen auf 14 Tage verkürzt.

Parallel zu den branchen- oder allgemeinpolitischen Debatten lief der Ausbau der Schule weiter. Der größte Schritt war die Er-

Frankfurt am Main

Suhrkamp Verleger und der Buchhändlerschule engagiert verbunden, undatiert (1970er Jahre?)

weiterung der Ausbildungseinrichtung um Fortbildungsangebote und Seminare, für den nicht zuletzt die seit den ausgehenden 1960er Jahren geplante und 1972 auf der Grundlage von Rudolf Sturms programmatischen Überlegungen begründete Fachschule mit seinem Abschluss Assistent im Buchhandel steht (die IHK-Abschlussprüfung zum Buchhandelsfachwirt konnte erst ab 1995 angeboten werden).

Eine bauliche Erweiterung, deren Notwendigkeit sich bereits wenige Jahre nach Einweihung der Seckbacher Einrichtung abgezeichnet hatte, wurde im Juni 1968 vom Börsenvereinsvorstand beschlossen und bis 1973 fertiggestellt. Gestemmt wurde dieser Ausbau diesmal nicht von den Mitgliedsunternehmen des Börsenvereins (wie bei der ersten Bauphase), sondern mit erheblicher finanzieller Unterstützung durch die Bundesanstalt

Frankfurt am Main

für Arbeit. Die feierliche Einweihung fand im Januar 1974 statt. Mit der Planung waren die Frankfurter Architekten Wolfgang Bader und D. W. Dreysse beauftragt worden, die sich in einem aufwendigen Wettbewerb, in den auch Branchenteilnehmer:innen als Juror:innen eingebunden waren, durchgesetzt hatten.[81] Der Fachschulunterricht wurde anfangs in einer provisorisch errichteten Baracke abgehalten. Verbunden mit der Erweiterung, die das ursprüngliche Konzept der Architekten Schwagenscheidt und Sittmann harmonisch ergänzte, war auch eine Vergrößerung des Grundstücks auf circa 13.000 Quadratmeter durch die Hinzunahme mehrerer angrenzender Flurstücke. Damit erreichte der Campus seine heutige Flächenausdehnung und Gestalt, einschließlich des unprätentiösen Direktorenhauses am nordwestlichen Grundstücksende, mit separater Zufahrt vom Klingenweg aus.

Ebenfalls Anfang 1974, zusammen mit dem Neubau der Fachschule, wurde die heute noch als Campusbuchhandlung bestehende, immer wieder modernisierte und umstrukturierte Lehrbuchhandlung eröffnet, die auf eine 1969 geäußerte Idee des Kuratoriumsvorsitzenden Friedrich Wilhelm Schaper zurückging. Der Ladenbauer Gebr. Heyser aus Bad Marienberg im Westerwald, dem sich die erste Inneneinrichtung der Buchhandlung verdankte (nach dem sogenannten ‹System Heyser›), blieb der Seckbacher Schule über viele Jahre eng verbunden.

Fachschule 1972

Frankfurt am Main

Erste Ausbaustufe

Der Campus in der von Walter Schwagenscheidt und Tassilo Sittmann konzipierten «1. Ausbaustufe», Aufnahme circa 1963 (color luftbild-verlag H. Furtmann, Münster): in der oberen Bildmitte das Wohngebäude für den Schulleiter (später umgebaut und erweitert), rechts die Mensa und davor das Gebäude des Gutshofs, links das Internatsgebäude mit Dachterrasse und offener Stützhalle unten, oben das Unterrichtsgebäude.

Frankfurt am Main

Zweite Ausbaustufe

Der Campus in der «2. Ausbaustufe», Aufnahme circa 1974 (Hans F. Martin-Verlag, Frankfurt am Main): rechts die Neubauten für die Fachschule (Unterrichtsgebäude mit Bibliothek, daneben das Wohnheim); links oben das «Direktorenhaus»; in der vorderen Mitte ein Ergänzungsbau am Klingenweg; dahinter die Lehrbuchhandlung mit «Gästehaus». Eine augenfällige Veränderung der Anlage ist der weiße Anstrich der ursprünglich im Rohzustand belassenen Fassaden aus der «1. Ausbaustufe», im Juni 1964 vom Vorstand des Börsenvereins in seiner 132. Sitzung beschlossen.

Frankfurt am Main

Haus Weingarten

Klassenraum im Unterrichtsgebäude

Unterrichtsgebäude

Frankfurt am Main

Diogenes Lesesaal

Campuseingang

Random House Libresso

Dachterrasse mit Blick über Frankfurt und bis nach Offenbach auf der anderen Mainseite

Frankfurt am Main

Krisenjahr 1974

Auf Jahre der Expansion folgte 1974 eine gravierende wirtschaftliche Krise. Die Zahl der Buchhandelsauszubildenden war über mehrere Jahre deutlich abgesunken (auch als Folge des 1969 erlassenen Berufsbildungsgesetzes und der Ausbilder-Eignungsverordnung von 1972), entsprechend auch die Zahl der Seckbacher Lehrgangsteilnehmer:innen. In mehreren Bundesländern war zudem Berufsschulblockunterricht für Buchhandelsauszubildende eingeführt worden (an den Standorten Hamburg, München, Köln und Malente) – eine direkte und sehr spürbare Konkurrenz für die Frankfurter Buchhändlerschule. Die Kosten für den Börsenverein stiegen durch diese ungünstigen Entwicklungen auf eine politisch nicht mehr vertretbare Höhe an, mit potentiell radikalen Folgen: Vorsteher Ernst Klett sprach vor der Hauptversammlung des Börsenvereins von «radikalen Maßnahmen», die man notfalls erwägen und durchführen müsse, wenn eine Verbesserung der Situation in überschaubarer Frist ausbleibe.[82] Die Auflösung der Buchhändlerschule zum Jahresende 1975 und ein Verkauf des Grundstücks und der Gebäude wurden in der Branchenpresse und darüber hinaus als Möglichkeit kolportiert.[83] Nicht zuletzt für viele

Frankfurt am Main

Ehemalige dürfte das eine Schreckensvorstellung gewesen sein. Unterstützende Maßnahmen wurden ersonnen. Eine Demonstration vor der Frankfurter Paulskirche am 13. Oktober 1974, dem Tag der Verleihung des Friedenspreises durch den Börsenverein, erzielte allerdings nicht die gewünschte Wirkung, dazu waren die betriebswirtschaftlichen Zahlen zu ungünstig.

Solidaritätsaktion vor der Frankfurter Paulskirche, Herbst 1974; 30 Jahre Deutsche Buchhändlerschule (1976)

Dass es dennoch gelang, die Schule fortzuführen, verdankt sich einem Bündel von Aktivitäten des Jahres 1975. Die Zahl von Veranstaltungen außerhalb des Lehrgangsprogramms wurde deutlich erhöht. Jetzt bildete sich endgültig heraus, was als Drei-Säulen-Konzept der Schule in die Branchenöffentlichkeit eingeführt wurde: die Säulen der Arbeit der Buchhändlerschule waren Ausbildung, Fortbildung und Seminare. Im Frühjahr 1975 gründe-

Frankfurt am Main

te sich ein Freundeskreis für Berufsbildung im Buchhandel, der innerhalb eines halben Jahres 200 Mitglieder gewann und rund 100.000 DM an Spenden einnahm.[84] Aus dem Spendenaufkommen wurden künftig Lehrgänge bezuschusst.

1976 übernahm die Stuttgarter Verlagsgruppe Georg von Holtzbrinck eine wichtige Unterstützerrolle für die Buchhändlerschule. Kurz darauf wurde die finanzielle Hilfe durch die Bertelsmann Stiftung, vermittelt durch Dr. Ulrich Wechsler (*1935), Vorstandsmitglied der Bertelsmann AG in Gütersloh und 1975 bis 1984 Vorsitzender des Kuratoriums der Buchhändlerschule, eine wesentliche Stütze für die Fortsetzung der Arbeit. 1976 fanden die ersten beiden jeweils zweieinhalbtägigen Chef-Seminare statt. Auf dem Programm eines verlängerten Wochenendes standen buchhandelsbezogene betriebswirtschaftliche, arbeits- und steuerrechtliche Fragen. Adressat:innen der Chef-Seminare waren auch am Erwerb einer bestehenden Sortimentsbuchhandlung oder an einer Neugründung Interessierte.

WEGWEISER NACH SECKBACH

Straßenbahn: ab Frankfurt/M.-Hauptbahnhof:
Linie 15 Richtung Inheidener Straße bis Saalburgallee, umsteigen in Linie 20 Richtung Bergen bis Wilhelmshöher Straße, von dort 2–3 Minuten bergauf (westwärts).

Taxi: ca. 15,- DM ab Hauptbahnhof

Frankfurt am Main

Aus einer von der Verlagsgruppe Bertelsmann gespendeten Broschüre ‹Die Schulen des Deutschen Buchhandels Frankfurt am Main-Seckbach› aus den 1970er Jahren. Von 1986 bis 1992 fuhr die Straßenbahnlinie 12 nach Bergen (über Borsigallee, Gwinnerstraße, Gelastraße, Leonhardsgasse, Bitzweg, Wilhelmshöher Straße und Vilbeler Landstraße, wo sich auf Höhe der Hausnummern 174/177 die Wendeschleife befand). Zwischen der 1980 eröffneten U-Bahn-Station Seckbacher Landstraße und Bergen verkehrt die Buslinie 43.

Im Oktober 1977 ging Rudolf Sturm, seit April 1966 Nachfolger von Georg Ehrhart, in den Ruhestand. Bereits im Mai 1977 beschloss der Vorstand des Börsenvereins ein neues Statut für die Schulen des Deutschen Buchhandels. Vorgesehen war künftig unter anderem ein Kuratoriumssitz für einen Vertreter des Hessischen Kultusministeriums und der Stadt Frankfurt am Main. Das neue Statut trage «den inzwischen in Seckbach eingetretenen Entwicklungen Rechnung, nachdem dort mehr als ein Dutzend verschiedener Kurstypen an die Stelle der früheren Sechs-Wochen-Lehrgänge getreten sind», so Kristof Wachinger (1930–2018), Verleger und Vorsitzender des Berufsbildungs-Ausschusses, und Dr. Ulrich Wechsler, Vorstandsmitglied der Bertelsmann AG und Vorsitzender des Kuratoriums, in einer im ‹Börsenblatt› abgedruckten Begründung unter der Überschrift ‹Warum ein neues Statut?›.[85] Hier ging es wiederum, wie beim 1966 vollzogenen Übergang von Georg Ehrhart auf Rudolf Sturm, um die Rolle des Schulleiters: «Deutlicher als bisher ist in dem neuen

Frankfurt am Main

Campusbibliothek, undatiert

Statut nicht zuletzt die Rolle des Direktors der Schulen des Deutschen Buchhandels herausgearbeitet worden. Diese Klarstellung war wichtig, um den Bewerbern um die Nachfolge von Herrn Dr. Sturm das Ausmaß ihrer Rechte und Pflichten deutlich vor Augen führen zu können.»[86]

Das Statut verortete die Schulleitung in einer Matrix zwischen Vorstand und Hauptgeschäftsführer des Börsenvereins, Kuratorium und dreiköpfigem Kuratoriumsvorstand (mit Funktionen «im Sinne eines Verwaltungsrats») sowie Geschäftsführer und Beirat der Buchhändler-Vereinigung. Geschuldet war diese auf den ersten Blick recht komplexe Anordnung der Aufstellung des Börsenvereins mit dem Bundesverband und seiner Geschäftsstelle im Großen Hirschgraben in der Frankfurter Innenstadt sowie den politisch und wirtschaftlich starken Landesverbänden als den

Frankfurt am Main

durchaus machtbewussten Gesellschaftern der Buchhändler-Vereinigung – es ging also letztlich um einen geregelten Interessenausgleich der unterschiedlichen, aber untereinander verbundenen Parteien.[87]

Das Statut enthielt eine weitere zentrale Bestimmung von großer praktischer Bedeutung (Paragraph 7): «Der Schulleiter erstellt gemeinsam mit dem Geschäftsführer der Buchhändler-Vereinigung für jedes Kalenderjahr einen Etatvoranschlag für die Schulen und legt ihn dem Beirat der Buchhändler-Vereinigung zur Genehmigung vor. Er ist dem Beirat und dem Geschäftsführer der Buchhändler-Vereinigung für die Einhaltung des Etats verantwortlich.»

Das Statut trat am 22. Oktober 1977, nach der Frankfurter Buchmesse, in Kraft und ersetzte beziehungsweise integrierte frühere Vereinbarungen aus den 1960er Jahren.

Frankfurt am Main

Ära Herbert Degenhardt

Mit einer unter anderem in der Hamburger Wochenzeitung ‹Die Zeit› veröffentlichten Stellenausschreibung wurde im Dezember 1977 nach einem neuen ‹Direktor der Deutschen Buchhändlerschule› gesucht. Vor den sachlich gehaltenen Ausführungen zur Institution und den Rahmenbedingungen («Das Gehalt des bisherigen Schulleiters entsprach dem eines Oberstudiendirektors. Die Lücke zwischen der Angestelltenrente und dem Ruhegehalt eines Beamten kann durch eine Zusatzversicherung geschlossen werden.») stand ein ungewöhnlich formulierter Absatz zum grundsätzlichen Stellenprofil: «Ein Pädagoge, für den Literatur zu den Grundbedürfnissen des Lebens gehört; für den kritisches Bewußtsein, differenzierte Bildung und berufliche – auch kaufmännische – Tüchtigkeit einander nicht ausschließen; der junge Erwachsene charmant zu bändigen und sokratisch zu fordern versteht; der einen Wirtschaftsbetrieb unternehmerisch führen kann (oder Grund hat, sich das zuzutrauen): der findet hier eine Aufgabe, die ihm fast totales Engagement abverlangt, dafür aber eine außerordentliche Chance bietet. Er kann gestalten, was ihm vorgeschwebt haben mag: eine auf das tätige Leben bezogene

Frankfurt am Main

pädagogische Provinz.»[88] Die Anzahl der eingegangenen Bewerbungen lässt sich nicht mehr rekonstruieren, natürlich aber das Ergebnis des Auswahlverfahrens: Zum 1. August 1978 trat Herbert Degenhardt (1933–2016), damals 45 Jahre alt, das Amt des Direktors der Schulen des Deutschen Buchhandels an.

Degenhardt hatte nach einer in der DDR absolvierten Ausbildung zum Bankkaufmann, der Übersiedlung in die Bundesrepublik 1954 und einem geisteswissenschaftlichen Studium an der Frankfurter Universität als Lehrer an einem Gymnasium in Hanau gearbeitet. Über berufliche Erfahrungen aus der Buchbranche verfügte er nicht (als Student hatte er in einer Frankfurter Druckerei als Korrektor gearbeitet). Insbesondere seine eigene Dozententätigkeit – in der Stellenausschreibung war eine aktive Unterrichtsbeteiligung

Herbert Degenhardt, Schulleiter von 1978 bis 1998, undatiert

Frankfurt am Main

Direktor Degenhardt mit Schüler:innen, undatiert

ausdrücklich als wünschenswert genannt worden («möglichst in den Fächern Literaturkunde und Literaturkritik»), geriet bald in die Kritik seiner Kolleg:innen, vor allem aber auch mit dem Unterricht unzufriedener Schüler:innen.[89] Im Mai 1979 schienen ein frühzeitiges Ausscheiden Degenhardts und eine Rückkehr in den staatlichen Schuldienst beschlossene Sache; in den Unterlagen findet sich eine zwischen Hauptgeschäftsführer, Vorsteher, Kuratorium und Degenhardt selbst abgestimmte ‹Verlautbarung› für eine ‹Börsenblatt›-Notiz.[90] Es dauerte einige Zeit, bis ein Modus Vivendi der Zusammenarbeit erreicht wurde. Adolf Fink, als langjähriger Literaturdozent an der Buchhändlerschule ein ‹Insider›, fand für

Frankfurt am Main

die seinerzeitigen Turbulenzen aus der Rückschau eine passende Formulierung: «In Seckbach wurde Herbert Degenhardt mit einer ihm bis dahin unbekannten Branche und mit anderen Organisationsformen als in öffentlichen Schulen üblich konfrontiert, was, bevor er zu seiner Rolle fand, eine gewisse Eingewöhnung erforderte.»[91]

Degenhardts ‹Rolle› als Direktor, das war nach der Eskalation der Konflikte im Frühjahr 1979 nicht mehr die praktische Unterrichtsbeteiligung, sondern die Verwaltung mit allen finanziellen und politischen Facetten im Geflecht unter anderem von Börsenverein und Kultusministerium in Wiesbaden – und auf diesen Gebieten erwarb er sich erhebliche Verdienste.[92]

Degenhardts lange Amtszeit bis Mai 1998 verbindet sich mit weiteren Ausdifferenzierungen des Bildungsangebots und einer fast durchgehend hohen Auslastung. Gelegentlich tauchte im ‹Börsenblatt› sogar das an die subventionierte europäische Agrarwirtschaft erinnernde Wort vom «Schülerberg» auf (man sprach damals angesichts von staatlich geförderter landwirtschaftlicher Überproduktion von «Milchseen» und vom «Butterberg»).[93] Es gab Seminare für elektronische Datenverarbeitung und solche für Buchhersteller:innen, Lektor:innenseminare und Seminare mit Schwerpunkten auf Reise und Touristik oder Pressearbeit in Verlagen.

Mit kleineren baulichen Maßnahmen konnte die Campus-Kapazität sukzessive erhöht werden. Dennoch mussten viele Veranstaltungen aus Platzgründen in angemieteten externen Räumlichkeiten durchgeführt werden, meist in im näheren oder weiteren Umkreis gelegenen Hotels (weder für die Schule noch für die Teilnehmer:innen war das eine ideale Lösung).

Frankfurt am Main

RÄUMLICHE ENGE – PÄDAGOGISCHE WEITE

Der Zeitpunkt war listig gewählt: Die Schulen des Deutschen Buchhandels in Frankfurt am Main-Seckbach feierten ihr 40jähriges Bestehen am Abend des 17. September – jenem Tag also, an dem im Buchhändlerhaus die Fachausschüsse tagten, und nur eine Nacht trennte eben diesen Abend von der Sitzung der Abgeordnetenversammlung. Da für viele mithin eine zusätzliche Anreise entfiel, war es kein Wunder, daß sich auf dem weitläufigen Campus so viele Gäste drängelten. – Nicht getragene Nadelstreifen-Stimmung war Trumpf, eher eine Art organisiertes fröhliches Durcheinander zwischen Kartoffelsalat-Stand und Musterbuchhandlung. Dazwischen viel Bier und Wein und Fachsimpelei von der «Weißt-Du-noch?»-Art: Denn, keine Frage, die «Ehemaligen» überwogen. Peter Härtling und Herbert Heckmann diskutierten mit den Buchhändlerinnen Melusine Huss und Monika Steinkopf über den «Autor und seinen Buchhändler». Direktor Herbert Degenhardt sprach – lobte die pädagogische Weite und beklagte die räumliche Enge (in den Unterkunftsräumen): Vorsteher Christiansen, ein «Ehemaliger», und die Vorsitzende des Kuratoriums der Schulen, Sigrid Piezunka, stellten das Besondere dieser Schule heraus, das unter anderem darin liegt, daß sie vom Be-

Frankfurt am Main

> rufsstand getragen und finanziert wird (mit jährlich einer runden Million Mark). Die Stadt Frankfurt hatte einen Stadtrat entsandt; warum er gekommen war und sogar eine Ansprache hielt, konnte man sich aussuchen: weil Frankfurt Auszubildende nicht (!) nach Seckbach schickt oder gerade deswegen.
>
> *Börsenblatt (Frankfurt) Nr. 77, 26. September 1986, S. 2522 f.*

Trotz der zahlreichen Aktivitäten Degenhardts und der 1982 erreichten staatlichen Anerkennung schrieb die Schule als wirtschaftliche Unternehmung beständig rote Zahlen. Gegen Ende der 1980er Jahre verschärfte sich die Situation. Innerhalb des Börsenvereins wurden die Lage und vor allem die sich daraus ergebenden Schlussfolgerungen für den Verband kontrovers diskutiert. «Betriebswirtschaft oder berufsständische Strategie», zwischen diesen beiden Polen bewege sich die Diskussion über die Finanzen der Buchhändlerschule, wie Chefredakteur Hanns Lothar Schütz im Oktober 1989 im ‹Börsenblatt› notierte. Börsenvereinsvorstand und Abgeordnetenversammlung des Börsenvereins neigten eher einer berufsständischen Strategie zu, also einem Abstellen auf die grundsätzlich-positiven und formierenden Aspekte Seckbachs für den buchhändlerischen Berufsstand – womöglich ernüchternde Zahlenwerke traten entsprechend etwas in den Hintergrund. Dagegen tendiere die Haltung der Gesellschafterversammlung der Buchhändler-Vereinigung zur anderen Seite, zur Hervorhebung des Betriebswirtschaftlichen. In ein «Fass ohne Boden», so der harsche Vorwurf eines norddeutschen

Frankfurt am Main

Landesverbandsvertreters, solle man nicht immer neues Geld stecken.[94] Hinter dem Hochhalten der föderal strukturierten Ausbildungsorganisation (sprich: des Berufsschulunterrichts nahe am Lehr- beziehungsweise Ausbildungsbetrieb) stand freilich das handfeste Interesse der Landesverbände des Börsenvereins, eigene direkte Kontakte zu den Kulturministerien der Bundesländer zu pflegen – wichtig auch für andere verbandspolitische Fragen.

Es wäre falsch, allein auf die finanziellen und politischen Aspekte zu schauen, auch wenn sie die Beteiligten besonders beschäftigten, bis hin zu erheblichen Kosteneinsparungen, die man sich Anfang der 1990er Jahre auf Anregung einer Unternehmensberatung durch die stärkere Trennung von pädagogischen und administrativen Aufgaben, eine Umstellung der gesamten Kursverwaltung auf EDV sowie eine eventuelle Verpachtung der Schulmensa erhoffte.[95] Von Seckbach gab es gerade in den 1980er Jahren verschiedene bildungspolitische Impulse, die sich teilweise auch in gedruckter Form niederschlugen. 1981 erschien (als Loseblattsammlung) der von Bibliothekarin und Kinder- und Jugendbuch-Dozentin Karla Wiedner-Linden bearbeitete Katalog der 1974 von dem Gütersloher Bertelsmann-Verleger Reinhard Mohn für Seckbach gestifteten Bibliothek für Buchmarktforschung.[96] Es handelte sich um die mehrere tausend Bücher umfassende Arbeitsbibliothek des aufgelösten Instituts für Buchmarktforschung in Hamburg, das von der Bertelsmann AG getragen worden war.

Auf einem Spezialgebiet schriftstellerisch besonders produktiv war der langjährige Sortimentskundedozent Herbert Paulerberg (1939–2015), der eine Reihe erfolgreicher Lehrbücher und Praxishandreichungen unter eingängigen Titeln wie ‹Bücher verkaufen – Kunden gewinnen› (1977), ‹Buchschaufenster selbst gemacht› (1983; herausgegeben vom Sortimenter-Ausschuss des Börsenvereins) und ‹Marketing und Werbung der Sortimentsbuchhandlung› (1986) veröffentlichte. Neben seiner Tätigkeit in Seckbach, die nicht zuletzt die praktischen Übungen in der Lehrbuchhandlung umfasste, unterhielt Paulerberg, berufserfahrener Buchhändler und 1959 selbst Schüler der Buchhändlerschule in Rodenkirchen, eine Beratungsfirma für Buchhandlungen und bot sogar einschlägige Seminare in Brasilien und Mexiko an.[97]

An der aus fast 600 Zetteln in einer kompakten Kunststoffkassette bestehenden ‹Lernkartei für den Buchhandel› (1980), von Klett-Cotta in Stuttgart verlegt und wohl auch gesponsort, waren neben Paulerberg die Dozent:innen Wolfgang Karb, Joachim Merzbach, Klaus Staemmler und Karla Wiedner-Linden beteiligt.

Unterrichtsszene, undatiert

Frankfurt am Main

Es ging dabei um «die wichtigsten Tatsachen, Begriffe und Fachausdrücke aus dem umfangreichen Lernfach Buchhandel, zum Lernen, Wiederholen und – Pauken». Die ‹Lernkartei›, ein charmantes und nützliches Hilfsmittel, erlebte mindestens eine überarbeitete Ausgabe und wurde in hoher Stückzahl verbreitet.[98]

Es versteht sich fast von selbst, dass es ab den 1980er Jahren einen ‹EDV-Übungsraum› in Seckbach gab, in den rund ein Jahrzehnt später auch das stationäre Internet seinen Einzug hielt – das korrespondierte mit den unaufhaltsamen technischen Veränderungen im Sortimentsbuchhandel und überhaupt in der Buchbranche. Um die Jahrtausendwende, als kaum jemand an WLAN-Hotspots und mobile Endgeräte im Hosentaschenformat dachte, war der Campuscomputerraum abends bis 23 Uhr zugänglich, die Bibliothek sogar bis 1 Uhr nachts.

Bibliothek nach Umbau: Wendeltreppe im Hauptraum und Leseecke

Frankfurt am Main

Der Mauerfall im November 1989 sorgte für einen erheblichen Zustrom qualifizierter Buchhändler:innen aus der DDR in die alte Bundesrepublik. Ihrer «kurzfristigen Verwendung» stand jedoch, wie das ‹Börsenblatt› lakonisch feststellte, in vielen Fällen «die mangelnde Vertrautheit mit den konkreten Gegebenheiten des westdeutschen Buchmarkts und seinen hochtechnisierten Geschäftsabläufen entgegen», weshalb in Seckbach für März 1990 ein Wiedereingliederungsintensivkurs für «Umsiedler» aus der DDR angeboten wurde.[99]

In einem ‹Börsenblatt›-Beitrag zog Hans-Otto Lecht, Vorsteher des Börsenvereins der Deutschen Buchhändler zu Leipzig, eine optimistisch und gleichzeitig realistisch gestimmte Zwischenbilanz der Vereinigungsverhandlung der beiden Börsenvereine. Auch die Stadt Leipzig spielt in Lechts Ausführungen eine große Rolle; in der «Beratung» einer «gemeinsamen Kommission für die Aus- und Weiterbildung» sei «prinzipielles Einvernehmen» erzielt worden, «daß Leipzig künftig Hauptort für die Aus- und Weiterbildung von Buchhändlern sein wird».[100]

Die deutsche Wiedervereinigung, vollzogen am 3. Oktober 1990, hatte allerdings für die Schulen des Deutschen Buchhandels kaum praktische Folgen, wie auch für andere Institutionen des Frankfurter Börsenvereins. Verbandssitz blieb das in den 1950er Jahren bezogene Buchhändlerhaus im Großen Hirschgraben in der Frankfurter Innenstadt. Dort befand sich weiterhin der Hauptsitz der Redaktion des ‹Börsenblatts›, auch wenn Leipzig als zweiter Erscheinungsort ins Impressum aufgenommen wurde. Natürlich wurde an der Frankfurter Buchmesse festgehalten; die Leipziger Buchmesse entwickelte sich in den 1990er Jahren zum Publikums- und Lesegroßereignis mit erheblicher positi-

Frankfurt am Main

ver medialer Ausstrahlungskraft, ohne eine mit der Frankfurter Messe vergleichbare wirtschaftliche Bedeutung für den internationalen Buchmarkt zu erlangen. Zu keinem Zeitpunkt stand der Seckbacher Campus in den Jahren, die auf die Wiedervereinigung folgten, zur Disposition (das sollte sich erst 2001 für kurze Zeit ändern, worauf unten einzugehen sein wird). Kaum jemand in Seckbach konnte sich eine Verlagerung vorstellen.[101] In Frage standen eher die Leipziger Einrichtungen, so die Deutsche Buchhändler-Lehranstalt und die Fachschule für Buchhändler, auch wenn der im Herbst 1990 geschlossene und von überwältigenden Mitgliedervoten getragene Fusionsvertrag der Börsenvereine Ost (Leipzig) und West (Frankfurt) als übereinstimmende Auffassung beider Vertragspartner festhält, dass Leipzig «als maßgebliches Zentrum für die Aus- und Fortbildung» erhalten bleiben solle.[102]

Ein Meilenstein: Im Sommer 1991 erhielt die Buchhändlerschule vom Land Hessen das Prädikat Schule besonderer pädagogischer Prägung und wurde in der Folge in die hessische Ersatzschulfinanzierung aufgenommen. Dem ging am 23. Dezember 1992 die Eintragung einer gemeinnützigen GmbH ins Handelsregister beim Frankfurter Amtsgericht voraus (das ist bis heute der gesellschaftsrechtliche Rahmen, wobei steuerliche und sonstige Fragen aus dem Binnenverhältnis zwischen Buchhändler-Vereinigung GmbH und Buchhändlerschule GmbH hier ausgeklammert werden).[103] Kultusminister Hartmut Holzapfel, der zur Übergabe der Urkunde, die das neue Prädikat festhält, aus der Landeshauptstadt Wiesbaden nach Seckbach kam, hob in einer Rede «Praxisnähe und Handlungsorientierung» der Schule hervor.

Das Gebotene reiche, so Holzapfel, erheblich über das berufsspezifische Lehrprogramm hinaus.[104] In diesen Zusammenhang gehören etwa auch langjährige nebenberufliche Literaturdozenten wie Wolfgang Günther (1930–2021) und Bernt Ture von zur Mühlen (1939–2021), deren Engagement und Enthusiasmus zahlreiche Generationen von Schüler:innen beeinflusste.[105]

In den 1990er Jahren wurden die Unterrichtsräume mit ‹Videoanlagen› ausgestattet, um Filme zeigen zu können. Stefana Sabin, die an der Buchhändlerschule als freie Dozentin Kurse über amerikanische Literatur des 20. Jahrhunderts unterrichtete, machte regelmäßig von dieser Möglichkeit Gebrauch, um die Schüler:innen bei der Stange zu halten: «Abwechslung der Mittel (mein Vortrag, Textpassagen, Videofilme) soll es den AG-Teilnehmern leichter machen, aufmerksam zu bleiben; sie wollen nicht nur unterrichtet, sondern auch unterhalten werden.»[106] Der von Sabin behandelte ‹Literaturkanon› reichte von William Faulkner, Ernest Hemingway und Gertrude Stein über die Autor:innen der Beat Generation und T. S. Eliot bis zu John Irving, Philip Roth, Alice Walker und Stephen King.

Unter ‹Praxisnähe› der Ausbildung lässt sich das von Annette Sievers und Peter Meyer initiierte Campus-Projekt einer Handreichung für künftige Schüler:innen subsummieren: zur Frankfurter Buchmesse 1997 erschien eine Publikation ‹Die Buchhändlerschule. Ein Wegweiser für Azubis in Seckbach›, die in den folgenden Jahren mehrfach überarbeitet, aktualisiert und erweitert wurde.[107] Enthalten sind darin unter anderem Empfehlungen zur Reisevorbereitung, praktische Informationen für den Aufenthalt in der Seckbach (einschließlich der abendlichen Schließzeiten) und Ausgehtipps in der näheren und weiteren Umgebung der Schule.

In Erinnerung blieb eine im Februar 1997 veranstaltete Lesung

Frankfurt am Main

Typische Abendveranstaltung in der «Sitzkuhle» im Bibliotheksgebäude; Heute Piperlounge. Historisch gewachsen heute immer noch Ort für Abendveranstaltungen (vor Corona)

des von einer schweren Krebserkrankung gezeichneten Berliner Schriftstellers und Filmautors Jurek Becker, der wenige Wochen später starb. Dass sich Becker überhaupt diesen enormen körperlichen Strapazen aussetzte, hatte einen sehr persönlichen Grund: 1983 hatte er bei einem Auftritt in Seckbach seine zweite Ehefrau Christine Harsch-Niemeyer kennengelernt, die damals eine Ausbildung in dem von ihrem Vater geleiteten Wissenschaftsverlag Max Niemeyer in Tübingen absolvierte und am Blockunterricht in der Buchhändlerschule teilnahm.[108]

Überhaupt spielten Autor:innenlesungen, Verlagsvorstellungen, «hie und da auch literarische Events» in der ‹Sitzkuhle› vor der Bibliothek als fakultative Ergänzung des Unterrichtsalltags stets eine große Rolle, einschließlich eines ‹Literarischen Quartetts› der Literaturdozenten Norbert Abels, Rainer Dorner, Adolf Fink und Bernt Ture von zur Mühlen.[109]

Als Höhepunkte längerer Seckbach-Aufenthalte galten die quasi-institutionalisierten und oft mit besonderem Aufwand ausgerichteten Feste. Adolf Fink, für viele Ereignisse dieser Jahre der verlässlichste Chronist, schreibt dazu: «Zwei Feste werden amtlicherseits verordnet: das Berg- und das Abschlußfest (Seminare und Fachschule richten sich nach ihrem je eigenen Kalender). Bei milder Witterung wird im Freien gegrillt, gegessen und getrunken, in der Bahnhofshalle geredet und getanzt: Herzensverbindungen werden geknüpft oder verweigert, fast wie im richtigen Leben. Die untergründige Spannung spielt eine wichtige Rolle: Sie schlägt sich, auch bei Tage, in unübersehbaren Paar-Figuren nieder.»[110]

Frankfurt am Main

«Seckbach muss bleiben!» Übergänge in turbulenten Zeiten

Zum 1. April 1999, zehn Monate nach Herbert Degenhardts Pensionierung, trat Hans Burkart (*1954) das Amt des Direktors der Buchhändlerschule an. Dem gebürtigen Offenbacher, der Geografie und Geschichte für das Lehramt studiert hatte und als wissenschaftlicher Mitarbeiter an der Frankfurter Universität, als Direktor des ‹AKAD Studienzentrums› in Frankfurt sowie als Leiter der Sonderprojekte im Dienstleistungszentrum Bildung der Deutschen Bahn AG tätig gewesen war, fiel die Etablierung in Seckbach allerdings schwer. Vor allem auch innerhalb des selbstbewussten Kollegiums fand er kaum persönlichen Rückhalt.[111] Anfang 2001 schied er nach nicht einmal zwei Jahren wieder aus. Spuren hinterließ er bei seinem Ausscheiden kaum, abgesehen von einem auf eine Idee von Schulleiter Heinrich Otto (*1947) zurückgehenden und auf der Frankfurter Buchmesse im Herbst 1999 vorgestellten neuen Schullogo mit der «Anmutung einer Agora, eines

Frankfurt am Main

Platzes der Begegnung und der Wissensvermittlung», wie Burkart in einem ‹Börsenblatt›-Interview befand.[112] Burkarts Ankündigung, den Seminarbereich auszubauen und neue Zielgruppen anzusprechen, lag seit längerer Zeit auf der allgemeinen Linie, auch als indirekte Reaktion auf die 1993 auf Initiative der Bertelsmanns Stiftung und unter Beteiligung des Börsenvereins erfolgte Gründung der Akademie des Deutschen Buchhandels in München. Weder Burkarts ambitioniertes Projekt ‹Seckbacher Zertifikat›, bestehend aus mehreren Modulen mit Wochenendveranstaltungen (Begründung: «Nicht jeder hat Zeit, wochenlang ein Seminar zu besuchen»), noch ein ‹Seckbacher Symposium› kamen wesentlich über Planungen und Ankündigungen hinaus. Das im Sommer 1999 als Aufenthaltsbereich eingerichtete Libresso-Café mit einer professionellen Espressomaschine als Herzstück ging dagegen in erster Linie auf das Engagement von Schüler:innen zurück, nicht auf die Schulleitung.

Heinrich Otto sicherte in der personellen Krisensituation nach Burkarts Abgang als kommissarischer Direktor die Leitungskontinuität. Als vordringliche Aufgabe standen wiederum betriebswirtschaftliche und Kostenfragen im Mittelpunkt. Dazu kam eine eher politisch gefärbte Herausforderung, mit der die Buchhändlerschule sich auseinanderzusetzen hatte. 2001 tauchte innerhalb des Börsenvereins der Vorschlag eines Umzugs von Seckbach nach Leipzig auf. Auch bei Roland Ulmer, Vorsteher des Börsenvereins von 1998 bis 2001, stieß das zunächst auf offene Ohren, auch wenn es eher um eine kurz aufflackernde Diskussion, als um konkrete Umzugsplanungen ging.[113]

Am Ende sprachen, wenig überraschend, verschiedene sachliche Erwägungen gegen die Verlagerung. Heinrich Otto äußer-

Frankfurt am Main

te sich im Juni 2001 in einem ‹Börsenblatt›-Interview mit wünschenswerter Klarheit: «Natürlich gilt es in Zeiten wie diesen, auch Etabliertes zu überprüfen. Doch gibt es für den Standort Rhein-Main zahlreiche schlagende Argumente – nicht zuletzt hat er seit vielen Jahren eine reibungslose und konkurrenzfreie Koexistenz mit unseren Leipziger Kollegen garantiert.

Mehr als 95 Prozent unserer Schüler kommen aus der westlichen Region Deutschlands, so dass für sie die geografische Lage unbedingt von Vorteil ist. Auch vor dem Hintergrund existierender Staatsverträge, wie etwa mit Rheinland-Pfalz oder dem Saarland, sowie in Bezug auf die Anforderungen an die Berufsschulpflicht erscheint eine Verlegung in den Freistaat Sachsen nicht sinnvoll.»[114]

Eine Stabilisierung konnte erst Anfang 2002 mit der Übernahme der Schulleitung durch Heinrich Otto erreicht werden. Stellvertretender Direktor wurde Thomas Casagrande (*1956), der zugleich die pädagogische Leitung übernahm. Bereits seit 2001 betreute Wolfgang Schmelzle (1945–2021), zugleich Dozent für Rechnungswesen, mit dem Seckbacher Kolleg den Weiterbildungsbereich.

Auf Initiative von Heinrich Otto und Thomas Casagrande ging eine Veranstaltung über ‹The electronic book and the future of books› auf der Frankfurter Buchmesse im Herbst 1999 mit Neil Gershenfeld vom Massachusetts Institute of Technology (MIT) zurück, der gerade ein Buch ‹When Things Start to Think› mit einem zukunftsweisend-optimistischen Kapitel über intelligente Verbindungen von Büchern und moderner Technologie veröffentlicht hatte.[115] Die Impulse, die sich die Initiatoren von Gershenfelds Auftritt auf der Buchmesse erhofft hatten, verpufften allerdings –

Frankfurt am Main

die Zeit war für innovative Themensetzungen auf diesem Gebiet offensichtlich noch nicht reif.

Heinrich Otto durfte im April 2003 den Bundespräsidenten und ehemaligen Rodenkirchener Kursteilnehmer Johannes Rau in Seckbach als Gast begrüßen. Aus diesem Anlass gab es einen Campusrundgang, ein Gespräch mit Schüler:innen und im Schaufenster der Campusbuchhandlung eine Ausstellung mit lieferba-

Links oben
Bundespräsident Johannes Rau und Heinrich Otto (Schulleiter seit 2002)

Links
2003 Bundespräsident Johannes Rau wirft einen Blick in die Campusbuchhundlung

Rechts oben
Bundespräsident Rau im Gespräch mit Schüler:innen während eines Unterrichtsbesuchs

Frankfurt am Main

ren Publikationen über Johannes Rau. Zeitzeugenberichte und Fotos vermitteln den Eindruck, dass Rau, ohnehin eine eher nahbare Persönlichkeit, diesen atmosphärisch dichten Besuch auch als Ausflug in die eigene berufliche Vergangenheit genoss.

Parallel zum Regelbetrieb wurden die internationalen Kontakte ausgebaut, etwa mit europäischen Nachbarländern wie Italien und Frankreich, aber auch mit der seit den 1990er Jahren wirtschaftlich und politisch aufstrebenden und verstärkt internationale Verknüpfungen suchenden Volksrepublik China. Im Februar 2004 brach eine Delegation, der neben Michaela von Koenigsmarck und Heinrich Otto von der Buchhändlerschule auch Friedhelm vom Notz vom Verlegerausschuss des Börsenvereins angehörte, zu zweiwöchigen Erkundungen und Gesprächen über Ausbildungsfragen nach Peking und Shanghai auf.[116] Im April 2005 wurde ein Partnerschaftsvertrag mit der Universität Bordeaux unterzeichnet. Im September 2005 besuchte eine Delegation der Moskauer Buchhändlerschule für einige Tage ihr hessisches Pendant.[117]

Frankfurt am Main

Aufbruch - mediacampus frankfurt

Im November 2005 wurde Alexander Skipis, bisher Ministerialdirigent in der Hessischen Staatskanzlei in Wiesbaden, neuer Hauptgeschäftsführer des Börsenvereins. Mit Unterstützung des Börsenvereinsvorstands schrieb sich Skipis eine Fortsetzung der Modernisierung des Verbands und seiner Wirtschaftsbetriebe auf die Fahne. Zu den dringlichen Aufgaben gehörte auch die Buchhändlerschule, der im Rahmen einer von Helmut Benze (Mannheim) moderierten zweitägigen Strategieklausur im Juni 2006 von den Teilnehmenden eine Reihe von größeren und kleineren Schwächen zugeschrieben wurde, beispielsweise eine starke Innensicht, Investitionsstau bei Gebäuden und technischer Infrastruktur, unzureichendes Marketing und fehlende Kundennähe sowie teilweise Loslösung vom Börsenverein als Schulträger. In der internen Klausurdokumentation überlieferte Kritikpunkte wie «WG Image vs. Leistungszentrum» oder «Nähe-Distanz-Probleme ‹Familie›» deuteten ein grundsätzliches Unbehagen zumindest einzelner Beteiligter am Zustand der Einrichtung an.[118]

Frankfurt am Main

Dagegen standen aber auch andere Erfahrungen, wie es ein persönlicher Bericht der Beiratsvorsitzenden und Mainzer Verlegerin Karin Schmidt-Friderichs festhält: «Freitag, 23.6.2006, 22.30 Uhr: Die Schwächenanalyse war hart, die Mitglieder der Schulen müssen schlucken, zwei Stellwände Schwächen gegenüber einer mit Stärken. Wir ziehen die Vorhänge zu, das Geschriebene und Gesagte soll im Raum bleiben. Draußen warten ein gutes Dutzend Schüler im Dunkeln. In der Kälte. Und sie setzen den eben noch nachdenklich stimmenden Schwächen etwas entgegen, was auf keiner Stärken-Auflistung so eindrucksvoll stehen kann: Begeisterung.»[119] Zeitzeugen berichten, dass der WM-Achtelfinalsieg der deutschen Fußballnationalmannschaft gegen Schweden in der Allianz Arena in München am späten Nachmittag des 24. Juni 2006 für eine atmosphärische Beflügelung des konstruktiven und nach vorn gewandten Austauschs sorgte.

Begleitet wurde die Klausur von Monika Kolb (*1966), damals Leiterin Marketing und Vertrieb des Frankfurter Aus- und Weiterbildungsdienstleisters Provadis. Ein Jahr später, im Sommer 2007, wurde Kolb Geschäftsführerin in Seckbach und gleichzeitig Bildungsdirektorin des Börsenvereins – als Nachfolgerin von Michael Reinhardt, der künftig für die Börsenverein des Deutschen Buchhandels Beteiligungsgesellschaft mbH den Umzug der Börsenvereinsgruppe aus dem Großen Hirschgraben, der Töngesgasse und der Reineckstraße in einen Gebäudekomplex zwischen Berliner Straße und Braubachstraße in der Frankfurter Altstadt koordinierte. Heinrich Otto schied nach langer Krankheit und mehreren schweren Operationen ab 2007 in einem Altersteilzeitverfahren aus dem Dienst aus.

Monika Kolb hatte ihren Eintritt in die neue Rolle mit einer grundsätzlichen Bedingung versehen: «Keine Beschränkungen in der Markt-, Kommunikations- und Programmarbeit, denn neben der Schwächenanalyse im Strategieworkshop 2006 wurde deutlich, dass die Schulen des Deutschen Buchhandels auch wegen vielfältiger Eigeninteressen unterschiedlicher Branchenplayer keinen klaren Marktweg gehen konnten.»[120]

Die folgenden zwei, drei Jahre waren für Seckbach durch vielfältige Veränderungen und Aufbrüche geprägt, bei denen es nicht zuletzt um das Erreichen wirtschaftlicher Unabhängigkeit ging. Im März 2008 wurde das zum 1. Januar 1997 in die Trägerschaft des Börsenvereins überführte Internat des Deutschen Buchhandels Leipzig im Leipziger Stadtteil Schleußig mit der Frankfurter Einrichtung gesellschaftsrechtlich verschmolzen, blieb aber als Unterkunft für Auszubildende aus den neuen Bundesländern während der Blockunterrichtphasen an der staatlichen Berufsschule bestehen.

Auch nach außen wurden Veränderungen sichtbar durch eine neue ‹Corporate Identity› der Buchhändlerschule, für die Hans Dirk Schellnack mit seiner Agentur Nodesign in Essen verantwortlich zeichnete. Im komplett neugestalteten Jahresprogramm 2009, im Herbst 2008 ausgegeben, stellte Monika Kolb in ihrem Vorwort das Seckbacher Selbstverständnis heraus: «Wir brauchen gut ausgebildete und hoch motivierte Fach- und Führungskräfte ebenso wie begeisterungsfähigen, kompetenten Nachwuchs. Um die besten Köpfe der Buchbranche wird längst gerungen. Neben unseren erfolgreichen Standards werden Sie deshalb zahlreiche neue Seminare mit Blick auf die Zukunft finden. […] Wir reden nicht nur vom Wandel, wir leben ihn. Unser Campus hat sich auf allen Ebenen weiterentwickelt: moderne Technik, bauliche Verän-

Links
Impressionen vom Campus

Oben
Campusbuchandlung und Blick auf das Schulgebäude

Frankfurt am Main

derungen, Catering auf Bio-Basis, neue Dozenten, Referenten und Kooperationspartner, dazu die neue Campusbuchhandlung.»[120]

In der aufwendig umgebauten neuen Campusbuchhandlung, der früheren ‹Lehrbuchhandlung›, konnte zur Frankfurter Buchmesse im Oktober 2008 der damaligen Bundesjustizministerin Brigitte Zypries das Bildungskonzept der Schulen vorgestellt werden.[122]

Zu den Weiterentwicklungen gehörte nicht nur die Zusammenarbeit mit Buchhandelsunternehmen wie Hugendubel, der Mayerschen, Osiander und Thalia, dessen Auszubildende den theoretischen Teil ihrer Ausbildung in Seckbach absolvieren, sondern auch der Ausbau der nach den jeweiligen Kundeninteressen zu-

Verleger:innenfortbildung in Belarus mit Monika Kolb

Frankfurt am Main

geschnittenen Rent-a-Campus-Angebote. Zu den ungewöhnlicheren Projekten dieser Jahre zählte die in Kooperation mit dem Goethe-Institut durchgeführte mehrjährige Verleger:innenfortbildung in Ländern Osteuropas und Zentralasiens (Ukraine, Belarus, Russland, Georgien, Kasachstan und Usbekistan), deren Inhalte durch eine zur Halbzeit erschienene Publikation dokumentiert sind.[123]

Branchenöffentliche Anerkennung fand der kreative Aufbruch in Seckbach (gedrucktes Seminarprogramm 2009, Leporello,

Seminarprogramm 2009, Leporello, Farbanzeigen

Frankfurt am Main

Farbanzeigen) unter anderem durch die Verleihung des Buchmarkt-Awards für Marketing in der Kategorie Newcomer des Jahres, verliehen auf der Leipziger Buchmesse im Frühjahr 2009.[124]

Zur Frankfurter Buchmesse im Oktober 2009 folgte eine Umbenennung der Schulen des Deutschen Buchhandels in mediacampus frankfurt GmbH.[125] Die Namensänderung wurde, das ist angesichts des manchmal stark ausgeprägten Traditionsbewusstseins des deutschen Buchhandels wenig überraschend, hier und da mit Skepsis oder sogar Kritik aufgenommen. Deutlich wurde das beispielsweise Anfang Mai 2010 in einem «an die Geschäftsleitung des mediacampus Frankfurt» gerichteten offenen Brief von Schüler:innen des 162. Kurses, über den auch die lokale Presse berichtete.[126] Die in Seckbach eingeschlagene Richtung scheine sich «vom Buch zu entfernen», lautete einer der Vorwürfe («Teilnehmer von Wochenendseminaren berichten, dass sie bei der Erwähnung der Buchpreisbindung auf Unkenntnis bei externen Dozenten gestoßen sind»). Es bestehe die Gefahr, dass der Schwerpunkt bei den Änderungen «zu einseitig auf die Neuen Medien gesetzt wird – es wäre nicht die erste Blase, die platzt». Der Brief enthält eine Art von Bekenntnis: «Im Zusammenhang mit dem neuen Bachelor-Studiengang möchten wir anbringen: Für uns ist Wirtschaft ein Mittel für den Zweck *Buch*, und nicht das Buch der zufällige Gegenstand des Wirtschaftens.»

In Gesprächen zwischen Geschäftsführung, Schulleitung und Auszubildenden konnten die zum Teil verständlichen, aber sachlich unbegründeten Bedenken ausgeräumt werden. In einem Zeitungsinterview vom November 2010 fasste Monika Kolb das Grundverständnis ihrer Bestrebungen noch einmal in wenigen Sätzen zusammen: «Wir haben nicht nur unseren Namen ge-

Frankfurt am Main

ändert, sondern greifen als zukunftsorientiertes Bildungsunternehmen neue Themen und Trends auf, entwickeln neue Bildungsformate und haben auch unser pädagogisches Konzept entsprechend weiterentwickelt. Das ist ein hochsensibles Thema, es schwingen Ängste mit. Der Protest war Ausdruck dieser Angst. Diese haben wir sehr ernst genommen und die Auszubildenden zu unserem Nachwuchsparlament im Rahmen der Berliner Buchtage eingeladen und auch dort das Gespräch mit ihnen geführt. Im Ergebnis war es für uns alle wechselweise ein wichtiger Lerneffekt. Auf dem Campus selber haben wir einige neue Gesprächsformate etabliert, die diesen gegenseitigen Lernprozess auch mit zukünftigen Schülern fortführen lässt. Klar ist: Die Branche ist im Wandel. Wir arbeiten mit Inhalten und sprechen vom Prinzip Buch. Der Internethandel ist ein neuer Verkaufs- und Vertriebsweg des Buchhandels. Das macht nicht zwingend etwas kaputt. Man muss die Veränderungen aufgreifen, mitgestalten.»[127]

In der Rückschau auf die ersten Jahre ihrer Seckbacher Tätigkeit fallen Monika Kolbs Bewertungen noch deutlicher aus: «In dem Strategieworkshop 2006 wurden viele Stärken der Buchhändlerschule identifiziert, die in dem folgenden Veränderungsprozess weiter ausgebaut und fokussiert werden sollten. Dazu gehörten in Besonderem das umfassende Literatur- und Abendveranstaltungsprogramm, die Stärkung der Diskussions- und Debattenkultur unter den Schüler:innen, die vielfältigen Facetten des Campuslebens. Der schwierigere Teil aber waren die Veränderungen im Miteinander und in den Unternehmensstrukturen.

So wurde in Seckbach eine neue Führungskultur entwickelt und gelebt. Es ging um abgestimmte Leitplanken, die das Handeln aller Mitarbeitenden vereinte, ein gemeinsames Ziel im Fokus. Auf-

Frankfurt am Main

gabenprofile wurden entwickelt, Mitarbeiter:innengespräche als Führungsinstrument etabliert, Entwicklungsprogramme erarbeitet, die auch eine zukunftsorientierte Nachwuchsarbeit beinhalteten. Diese Veränderungen beschäftigten die Mitarbeitenden und die Geschäftsführung in höchstem Maße, auch emotional. Es war ein notwendiger Bruch des zuletzt gelebten Miteinanders. Erst nach drei Jahren intensiven Changeprozesses kehrten wieder Routine und ein ‹Wir sind gemeinsam angekommen Gefühl› ein. Nahezu parallel dazu stellten sich wirtschaftlicher Erfolg und spürbare Kundenakzeptanz ein.»[128]

Grundsätzlicher als um den offenen Brief vom Mai 2010 – und mit größerer Außenwirkung – fiel fast zur selben Zeit ein weiterer Konflikt aus, der sich an der zum Sommersemester 2010 gestarteten Kooperation von mediacampus und der 1998 gegründeten School of Management and Innovation an der Steinbeis-Hochschule Berlin entzündete. Inhalt der innovativen Kooperationsvereinbarung war ein neues berufs- und ausbildungsbegleitendes zwei- bis vierjähriges Studium mit Präsenzphasen in Frankfurt am Main und Berlin und dem Abschluss Bachelor of Arts Buchhandels- und Medienmanagement, der eben erwähnte Bachelor-Studiengang, der sich nicht nur an in der Branche Berufstätige, sondern auch an Auszubildende richtete.[129]

In der universitären Buchwissenschaft, selbst eine vergleichsweise junge und um Anerkennung kämpfende Disziplin mit nur wenigen Standorten und Professuren in der deutschen Hochschullandschaft, stieß dieses Angebot auf teils heftige Kritik; es wurde nicht zuletzt als unziemliche Konkurrenz zu eigenen Angeboten empfunden. Erst durch Vermittlung des Börsenvereinsvorstands und die Vereinbarung regelmäßiger Konsultationen

Frankfurt am Main

konnten die Spannungen in den Folgejahren sukzessive abgebaut werden.[130]

Seit einer Reihe von Jahren ist die bauliche Gesamtanlage der Buchhändlerschule an der Wilhelmshöher Straße als Einzelkulturdenkmal aus geschichtlichen, künstlerischen und städtebaulichen Gründen in das entsprechende Verzeichnis eingetragen. Als besonders wertvoll unter Denkmalschutzgesichtspunkten werden die Altbauten des Gutshofs sowie die von Walter Schwagenscheidt und Tassilo Sittmann entworfenen Gebäude der ersten Bauphase von 1960 bis 1962 eingeschätzt.[131] Und trotz der baulichen Erweiterung in den frühen 1970er Jahren (zweite Bauphase) und manch anderen Änderungen seitdem, dienen die Gebäude heute in weiten Teilen denselben Zwecken wie zur Zeit ihrer Einweihung vor fast sechs Jahrzehnten. Das heißt auch: Architektur und

Bau der innovativen Wohnmodule «Atrium».

Das Atrium heute.

Frankfurt am Main

die bauliche Grundkonzeption haben sich über viele Jahrzehnte hinweg bewährt, und sie sind zukunftsfähig zugleich. Das hängt auch mit dem forcierten Modernisierungskurs nach der Jahrtausendwende zusammen, der neben allen Wohngebäuden sowie den Klassen- und Seminarräumen auch Mensa und Libresso einbezog.[132] Dieser Kurs wird bis heute fortgesetzt: 2015 wurde das alte Internat (Haus 3) vollständig saniert, 2018 das Seminarhaus.

Als Neubau zwecks Aufstockung der Beherbergungskapazitäten konnte Anfang 2019 das aus Holzmodulen konstruierte moderne Atrium mit vier Wohneinheiten und 16 Zimmern auf dem zum Klingenweg hin gelegenen Teil des Grundstücks in Betrieb genommen werden.

Eher hinter den Kulissen, aber natürlich von fundamentaler praktischer Bedeutung, wurde eine neue und umfassende IT-Strategie umgesetzt. Dabei ging es einerseits darum, auf dem Campus ein flächendeckendes WLAN einzurichten, andererseits um das individuell und nach einem detaillierten Anforderungskatalog programmierte Schulverwaltungsprogramm (SVP), mit dem unter anderem die Kursverwaltung vorgenommen wird, das aber auch als Kund:innen-, Schüler:innen- und Gästedatenbank sowie als Buchungssystem für die Unterbringung im Internat dient.

Frankfurt am Main

Digitalpakt Schule, Coronakrise und Digitalisierung

Im Frühjahr 2019 trat unter der Bezeichnung Digitalpakt Schule ein auf eine Laufzeit von fünf Jahren angelegtes und mit mehreren Milliarden Euro ausgestattetes Investitionsprogramm des Bundes in Kraft. Auch für den mediacampus frankfurt ergeben sich daraus vielfältige Möglichkeiten, die eigene technische Infrastruktur weiter zu modernisieren und, damit verknüpft, pädagogische Konzepte fortzuschreiben. Digitalisierung, multimediale Lerninhalte und Unterrichtsformen sind auf dem mediacampus längst ein Schwerpunktthema. Das belegen die Ergebnisse zweier pädagogischer Zukunftstage, abgehalten im November 2019 und im November 2020, in deren Rahmen die strategische und inhaltliche Weiterentwicklung des Schul-, Seminar- und Weiterbildungsangebots gemeinsam diskutiert und ausgelotet wurde.

Im Frühjahr 2020 bekam das Thema E-Learning allerdings buchstäblich von einem Tag auf den anderen eine Realität und praktische Dringlichkeit, die niemand vorhersehen konnte. Auch in Deutschland breitete sich die von der chinesischen Stadt Wuhan

Frankfurt am Main

ausgehende Covid-19-Pandemie aus, über die die Medien etwa seit Jahresanfang 2020 mit zunehmender Intensität berichteten. Am 13. März 2020, Freitag, beschlossen Bund und Länder einschneidende Maßnahmen, es begann der ‹erste Lockdown›. Bildungseinrichtungen, auch der mediacampus frankfurt, mussten den Präsenzunterricht einstellen. Die Geschäftsleitung und das Seckbacher Team reagierten sofort. Im digitalen Bereich gut aufgestellt und ausgestattet mit dem Vorteil kurzer Entscheidungswege, stand bereits am 16. März 2020, Montag, nahezu vollum-

Zukunftstag 2020: Gruppenarbeit Elena Appel, David Greiner, Anna-Lena Wingerter

Zukunftstag 2020: Simon Giani hält einen Vortrag über die Veränderungen am Campus

Frankfurt am Main

fänglicher Unterricht über digitale Plattformen zur Verfügung. Die Dozent:innen gestalteten aus den leeren Klassenzimmern heraus den Unterricht, der in die heimischen Wohn- und Arbeitszimmer der Auszubildenden übertragen wurde.

Dank eines lückenlosen technischen Unterstützungssystems (die am Campus sehr geschätzten ‹Technik-Buddies›) und dem variantenreichen Einsatz pädagogischer Webinar-Komponenten konnten die Inhalte mit der gewohnten Qualität vermittelt werden. Auch die Interaktion und der Austausch zwischen Schüler:innen und Lehrenden war zu jeder Zeit gegeben. Die Schüler:innen waren in der Lage, Verständnisfragen zu stellen, und es konnte angeregt diskutiert werden. Bei der Umsetzung solcher Lehr- und

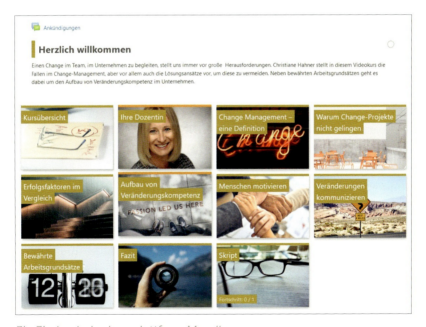

Ein Eindruck der Lernplattform Moodle

Frankfurt am Main

Nachwuchsparlament 2021: Fish-Bowl-Diskussion: „Digitale Zukunftsstrategien in der Buch- und Medienbranche" mit (von rechts) Elena Appel (Moderation), Hermann Eckel (Geschäftsführer tolino media, Sprecher der IG Digital), Lennart Schäfer, Marie Stickel, Tobias Groß, Peter Kraus vom Cleff (ab 2022 Hauptgeschäftsführer Börsenverein)

Lernarrangements hatten besonders zu Beginn der Pandemie nicht wenige Schulen erhebliche Probleme. Für die Schüler:innen war die neue Unterrichtsform eine Herausforderung, hätte doch ohne die Pandemie der Unterricht und das gemeinsame Leben und Lernen vor Ort am Campus in Seckbach stattgefunden.

Um der Isolation entgegenzuwirken wurden digitale Zusatzangebote eingeführt. Von gestreamtem Online-Yoga über branchenbezogene Audio-Podcasts bis hin zu Kochtipps des Campusküchenchefs – viele Interessengebiete wurden abgedeckt und das Angebot dankbar angenommen.

Als zwei Monate später, nach wie vor mitten in der Pandemie,

Frankfurt am Main

das Campusleben mit ausgefeiltem Hygienekonzept vorsichtig aus dem Homeschooling nach Seckbach zurückkehren konnte, bestimmten hybride Unterrichtsformen und Kontaktvermeidung zwischen Lerngruppen (das in der Landwirtschaft praktizierte ‹Spargelbauer-Prinzip› aufgeteilter Kleingruppen) den Schulalltag. Die halbierten Klassen saßen in zwei getrennten Räumen, der Unterricht wurde wechselweise in den jeweils anderen Raum gestreamt.

Auch das kulturelle Programm und der in die Ausbildung eingegliederte Austausch innerhalb der Branche mit Lesungen, Diskussionsforen und Verlagsvorstellungen – wesentliche Aspekte, die diese Bildungseinrichtung seit ihren Anfängen auszeichneten – fanden eine digitale Form. Kooperationspartner bei Veranstaltungen waren unter anderem die Verlage Droemer Knaur, Gmeiner, Hanser, Merlin und PONS sowie die Büchergilde Gutenberg, Hanser, Oetinger, C.H.Beck, Carlsen, Diogenes, DuMont, Ullstein, HarperCollins und Eichborn. Besonders erfolgreich war eine Abendveranstaltung mit dem Hamburger Kinderbuchverlag WooW Books zusammen mit dem Illustrator Johan Egerkrans im Juli 2020. Der mediacampus frankfurt nahm teil an der fast vollständig digitalen Frankfurter Buchmesse im Oktober 2020. Kurz zuvor tagte das

Filmstudio für Lernvideos

Frankfurt am Main

2008 ins Leben gerufene Nachwuchsparlament des Börsenvereins auf dem Campus (wie auch im Juli 2021).

Ab Frühjahr 2021 wurde ein Videostudio zur Produktion von Lerneinheiten aufgebaut, welches seither intensiv genutzt wird. So konnten im ersten Halbjahr 2021 zahlreiche Lernvideos zu den unterschiedlichen fachlichen Themen umgesetzt werden – ein weiterer Eckpfeiler zeitlicher und örtlicher Flexibilisierung. Das im Diskurs der pädagogischen Fachöffentlichkeit oft bemühte Schlagwort des «asynchronen Lernens» gewann hier konkrete Konturen. Flankiert wird dieses Angebot durch die gemeinsam mit externer fachlicher Unterstützung umgesetzte Entwicklung einer hauseigenen Quiz- und Lernsoftware, in welcher die Lernenden sich dem Lernstoff spielerisch, individuell und bedarfsgerecht widmen können («Campus2go»).[133]

Seit September 2021 verfügt der Campus über eine Glasfaseranbindung, ein unsichtbarer, aber nicht zu unterschätzender Faktor der Digitalstrategie. Bereits seit Jahresanfang 2021 war das Campus-Hygienekonzept durch ein Corona-Testkonzept ergänzt worden, für das die Unterstützung durch medizinisch geschultes Personal auf die Beine gestellt wurde. Mehrmals wöchentlich traten die Schüler:innen, angehenden Fachwirt:innen und weitere Gäste zum Testen an, anfangs ein ungewohnter Prozess, aus dem jedoch Routine wurde (wie seit 2020 bei den Campus-Hygieneregeln). Waren die raren Tests im ersten Quartal 2021 noch weitgehend in Eigenregie beschafft und finanziert worden, profitierte der mediacampus frankfurt später von der großflächigen Testzustellung durch das hessische Kultusministerium.

Die Pandemie bedeutete neben dem Erfordernis der fast vollständigen Umorganisation des praktischen Lehr-, Lern- und In-

Frankfurt am Main

ternatskonzeptes auch eine Herausforderung für das besondere Gemeinschaftsgefühl auf dem Campus. Das Abstandsgebot zwecks Eindämmung des Infektionsgeschehens stand gegen bewährte Formen des Miteinanders. Konsequent erkannt wurde von den Verantwortlichen aber der Campus-Teamgeist als Ressource. Wenig überraschend ist, dass für die Beschreibung der Campus-Atmosphäre gelegentlich Harry Potters berühmtes Zauberinternat ‹Hogwarts› auftaucht. Auch wenn dieser literarische Vergleich am Selbstverständnis der Einrichtung, das sich eher an Innovation, Digitalisierung und Zukunftsorientierung ausrichtet, naturgemäß vorbeigeht – ein wichtiger Aspekt wird damit doch recht gut getroffen. Peter Kraus vom Cleff, zu diesem Zeitpunkt Geschäftsführer des Rowohlt Verlags in Hamburg, schreibt: «Mit das Wunderbarste im Leben ist es, anderen beim Wachsen zu helfen! Ich empfinde den mediacampus frankfurt als das Hogwarts unserer Branche, als einen magischen Ort für Büchermenschen. Unsere Rozubis kehren jedes mal inspiriert und begeistert aus Seckbach nach Hamburg in den Verlag zurück. Dass im mehr als herausfordernden Pandemie-Jahr 2020 die Fortführung des Unterrichts so gut gelang, dass es keinen einzigen Corona-Fall trotz früher Wiederaufnahme des Präsenzunterrichts gab, dass alle an einem Strang gezogen haben und immer noch ziehen – dies Alles hat nichts mit Magie zu tun, sondern mit einem fantastischen Teamgeist, einem enormen Engagement und dem beseelten Wunsch aller, den am mediacampus Studierenden eine bestmögliche Aus- und Weiterbildung auch unter schwierigsten Rahmenbedingungen zu ermöglichen.»[134]

Dass die anhaltende Pandemie mit Lockdown und Kurzarbeit in den Betrieben besonders für Auszubildende im Buchhandel be-

Frankfurt am Main

lastende Umstände mit sich brachte, wurde im März 2021 zu einem Branchenthema – 60 Auszubildende wandten sich mit einem Brandbrief an den Börsenverein. Monika Kolb konnte hier eine moderierende Rolle einnehmen.[135]

2020 ging quer durch alle Branchen gegenüber 2019 die Anzahl der Ausbildungsverträge zurück. «Kurzarbeit und Ladenschließungen fordern Buchhandelsunternehmen in Pandemiezeiten heraus, für viele Betriebe gibt es wenig Planungssicherheit», so Monika Kolb in ihrer Funktion als Bildungsdirektorin des Börsenvereins im April 2021 im ‹Börsenblatt›.[136] Für die Ausbildungsjahre 2020 und 2021 sind Förderungen aus dem Bundesprogramm ‹Ausbildungsplätze sichern› möglich. Es deutet sich an, auch im tendenziell freundlichen Ausblick auf 2022, dass sich die Situation stabilisiert.

BEWÄHRUNG IN DER KRISE

Als Schatzmeister des Börsenvereins von 2007 bis 2013 hatte ich immer wieder mit und auf dem mediacampus zu tun. Den kannte ich gut, war ich doch selbst 1980 nach dem Studium zu einem sechswöchigen Lehrgang dort gewesen. Es ist ein großes Glück, dass wir einen solchen zentralen Ausbildungs- und Weiterbildungsort haben. Darum beneiden uns viele andere Branchen. Bewährt hat sich das Campuskonzept in der diesjährigen Krise. Der Unterricht ging einfach weiter, dann eben digital statt mit Präsenz. Die Umstellungsgeschwindigkeit auf

Frankfurt am Main

digitales Lernen war atemberaubend. Einfach? Einfach war daran gar nichts, aber es hat funktioniert, weil alle an einem Strang gezogen haben. Die Schüler:innen und Studierenden, die Dozent:innen, das Management, die Mitarbeiter:innen. An diesem Ort hatte das Virus keine Chance, seine zerstörerische Wirkung zu entfalten. Das zeigt sich in den vielen Antworten der Schüler:innen und Studierenden. Sie haben vor allem dazu beigetragen, dass es keinen einzigen Corona-Fall auf dem Campus gegeben hat. Und das, obwohl schon seit Mai wieder Präsenzunterricht angeboten wurde. Ein großartiges Ergebnis und Zeichen des Zusammenhaltes!

Jürgen Horbach, Geschäftsführer Athesia Kalenderverlag. In: Gemeinsam 2020. Dem Virus ein Schnippchen schlagen, S. 117

MEDIACAMPUS FRANKFURT 2022

WOHNEN

1. Haus eins
2. Haus zwei
3. Haus drei
4. Gästehaus
5. Haus Weingarten
   Paschen-Lounge

14. Gmeiner-Atrium

ESSEN

6. Random-House-Libresso
7. Ecco-Mensa

LERNEN

8. Seminargebäude
   Dorling-Kindersley-Raum
   Droemer Knaur-Raum
   Gerstenberg-Raum
   HarperCollins-Raum
   VLB-Raum
   VVA-Raum

9. Bibliotheksgebäude
   Aufnahme-Studio
   Bastei Lübbe-Raum
   Diogenes-Lesesaal
   Heidi-Oetinger-Lesesaal
   KAZÈ Manga-Raum
   Piper-Lounge
   Siegfried-Unseld-Bibliothek
   Verlagsgruppe Oetinger-Raum
   Wiley-VCH-Raum

10. Duden-Raum
11. MairDumont-Pavillon
12. Campusbuchhandlung

13. GeoCenter-Seminarhaus
    GeoCenter-Reiselust-Raum
    Reise-Know-How-Raum
    teNeues Raum

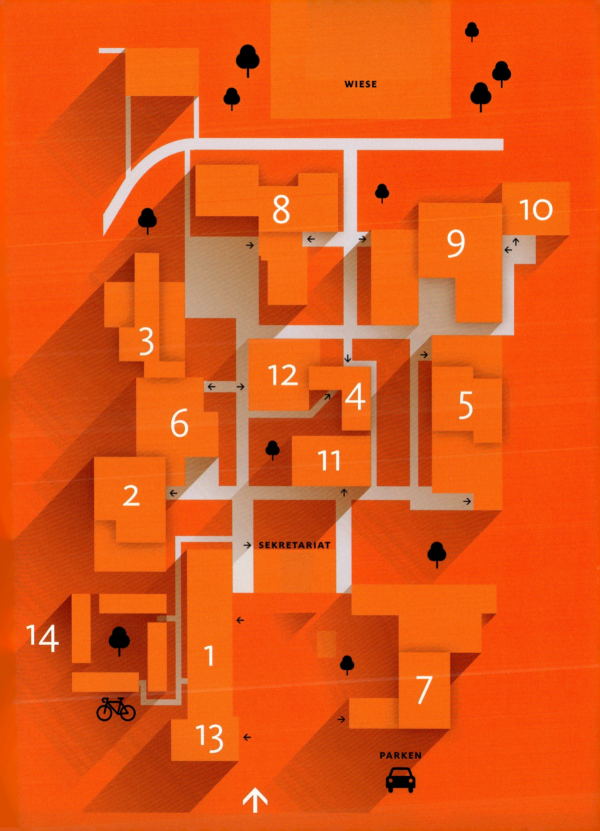

Frankfurt am Main

Portfolio

RENT-A-CAMPUS

BERATUNG | COACHING

SEMINARPROGRAMM OFFEN | INHOUSE

AUFSTIEGSFORTBILDUNGEN
Fachwirt:in des Buchhandels | Fachwirt:in für Medienmarketing und -vertrieb | Fachwirt:in im E-Commerce | Handelsfachwirt:in

FERNLEHRGANG

BERUFSSCHULE
Buchhändler:in | Medienkauffrau/-mann digital und print | Kauffrau/-mann im Einzelhandel | Abiturient:innenprogramm

Team des mediacampus frankfurt, Januar 2022

STATT EINES RESÜMEES

Statt eines Resümees

Es liegt auf der Hand, dass sich nicht nur das gesellschaftliche und demographische Gefüge insgesamt, sondern auch die deutsche Buchhandels- und Verlagslandschaft seit den 1990er Jahren rapide verändert hat und noch weiter verändert. Stichworte dazu sind etwa der Aufstieg Amazons und die Etablierung von E-Commerce, das Verschwinden vieler mittlerer und kleinerer Buchhandlungen, die KNV- und Weltbild-Insolvenzen (beide Unternehmen bestehen in veränderter Form weiter), die Expansion des Hagener Filialisten Thalia, die 2019 im Zusammenschluss mit der Mayerschen Buchhandlung in Aachen einen ihrer mutmaßlich nur vorläufigen Höhepunkte erreichte, sowie seit Jahren bundesweit rückläufige Ausbildungszahlen im Buchhandel.[137]

Heinrich Riethmüller, seinerzeit Vorsteher des Börsenvereins und Geschäftsführer des vor allem im Südwesten Deutschlands expandierenden Tübinger Buchhandelsunternehmens Osiander, konstatierte in einem Tagungsbeitrag 2018 einen durch den Onlinehandel herbeigeführten «Paradigmenwechsel» innerhalb des Buchhandels: «Der Kunde weiß heute oft besser Bescheid als der Buchhändler. Er hat die Möglichkeit, Serviceleistungen und Quali-

Statt eines Resümees

tät stadtübergreifend zu vergleichen und kann bequem von zu Hause aus seine Einkäufe tätigen. Damit hat sich das Berufsbild des Buchhändlers radikal verändert. Bis zu diesem Zeitpunkt waren wir Buchhändler die Hüter des buchhändlerischen Wissens. Was wir früher in unseren Katalogen nicht fanden, gab es nicht. Heute kann jedes Buch im Netz gefunden und bestellt werden. Damit haben sich die Aufgaben des Buchhändlers grundlegend gewandelt. Früher kam es auf gute Titelkenntnis an, auf Inhalte, auf genaue Kenntnis des Marktes, heute sind Freundlichkeit, Kundenorientierung, das Verkaufen wichtiger geworden. Kunden kommen bestens informiert und wollen Erlebnisse und Überraschungen haben. Ladenbau, gute Auswahl, Mitarbeiterempfehlungen, Aufenthaltsqualität werden immer wichtiger.«[138] Die Kund:innen sind, so Riethmüller, anspruchsvoller geworden. Gleichzeitig steht die Handelsspanne des Sortimentsbuchhandels unter Druck. Die ebenfalls 2018 veröffentlichte Studie ‹Buchkäufer – quo vadis›, vom Börsenverein gemeinsam mit der Gesellschaft für Konsumforschung durchgeführt, zeigt einen erheblichen Rückgang regelmäßiger Leser:innen und Buchkäufer:innen auf. Bei Menschen zwischen 20 und 49 Jahren ist dieser Rückgang besonders ausgeprägt. Zurückgehende Publikumsfrequenzen in vielen Innenstädten verschärfen die Situation für den stationären Buchhandel, zumal in unsicheren Pandemiezeiten.

Der mediacampus frankfurt – der neben der Ausbildung für Sortimentsbuchhandel und Verlage auf einer breiteren Basis steht – hat sich den Veränderungen der Buchhandels- und Verlagswelt in einem langen und naturgemäß unabgeschlossenen Prozess angepasst. Oft genug geschah dies mutig und proaktiv, wie sich während der Coronakrise exemplarisch zeigte. Zu kons-

Statt eines Resümees

tatieren ist, dass sich ein aus der Marienburger und Rodenkirchener Zeit stammender verklärender Nimbus der Schule, etwa in der ‹Börsenblatt›-Festnummer vom September 1986 in den Beiträgen ehemaliger Schüler:innen nicht nur zwischen den Zeilen spürbar, verflüchtigt hat, ‹Hogwarts›- und Harry Potter-Vergleiche hin oder her. Das fällt bereits in der ‹Börsenblatt›-Jubiläumsausgabe zum 50jährigen Bestehen 1996 auf – und es kann eigentlich nicht anders sein, wenn eine Einrichtung erwachsen wird, Krisen und Entwicklungsschübe erlebt und sich neuen Herausforderungen stellen muss. Die Nachkriegsjahre waren für die Buchhändlerschule eine Zeit glücklicher Improvisation in bescheidenen Verhältnissen. Institutionalisierung heißt auch, etwas auf Dauer zu stellen – das erfordert langfristige strategische Überlegungen.

Den von dem Kölner Buchhändler Heinrich Gonski geäußerten Wunsch, dass ein Seckbach-Aufenthalt ein «allgemeines buchhändlerisches Zusammengehörigkeitsgefühl» bewirke, würde wohl heute niemand mehr unter Bezugnahme auf die Akademien und Freizeiten der bündisch angehauchten Jungbuchhändler-Bewegung der 1920er und 1930er Jahre aussprechen, die sich unter anderem mit dem Namen des Jenaer Verlegers Eugen Diederichs verbindet.[139] Das heißt nicht, dass Gonskis Grundgedanken in jeder Hinsicht anachronistisch und obsolet sind. Idealistische Vorstellungen spielen, wenn nicht alles täuscht, bei der Berufswahl junger Menschen im Bereich von Verlagen, Buchhandlungen und Medien allgemein immer noch eine große Rolle (was sehr positiv ist).

Der Stil der Frankfurter Bildungseinrichtung am grünen Rand der Stadt ist nicht mehr derselbe wie vielleicht noch in den 1960er und 1970er Jahren, auch als Folge einer engeren Kooperation mit

Statt eines Resümees

kultusministerialen Bürokratien und anderen staatlichen Stellen, aus denen sich Verpflichtungen ergeben. Das darf man vor allem als positives Ergebnis einer Professionalisierung, sukzessiven Verstetigung und kreativen Weiterentwicklung ihrer Arbeit auf den verschiedenen Gebieten interpretieren.

Monika Kolb hat die Herausforderungen der Gegenwart fest im Blick und beschreibt Ansätze und strategische Aspekte: «Von besonderer Relevanz sind die strategischen und zukunftsorientierten Entwicklungen am mediacampus frankfurt. Die vielfältigen Veränderungen der Zeit – ich nenne nur die Gebiete Demographie, Digitalisierung und Veränderungen der Kundenstrukturen – vollziehen sich mit einer rasanten Geschwindigkeit und fordern neue Konzepte, Methoden und Instrumente in der Aus- und Weiterbildung, um bestehende Märkte zu sichern und neue Märkte und Kundengruppen zu erschließen. Der mediacampus frankfurt reagiert mit innovativen Konzepten wie der Implementierung des E-Commerce-Fachwirts als moderne Aufstiegsfortbildung und der Etablierung eines neuen Berufsbilds E-Commerce-Kaufmann beziehungsweise -Kauffrau im Berufsschulbereich. Mit hochkarätigen Referent:innen und einer entsprechenden Methodenvielfalt finden Fachtagungen zu Nachhaltigkeitsthemen, zum E-Commerce oder zu Personalthemen statt. Dabei wird eine Brücke zu zukünftigen Seminarangeboten im offenen und im Inhouse-Bereich geschlagen. Auch im unternehmensspezifischen Bereich verändert der mediacampus frankfurt sein Portfolio. Moderierte Strategietagungen, Entwicklung von Führungs- und Unternehmensleitlinien, Begleitung von Organisationsveränderungen und berufliches Coaching von Fach- und Führungskräften runden das Angebot ab. Die umgesetzte Digitalstrategie eröffnet darüber hi-

Statt eines Resümees

naus neue Kommunikationswege; waren Seminare früher nur in Präsenz möglich, finden die Angebote heute online und auch hybrid zu bestehenden und neuen Zielgruppen.

Alles, was wir auf dem Campus tun, ist kein Selbstzweck, sondern folgt der Tatsache, dass sich in unserer Branche und in der Gesellschaft tiefgreifende Veränderungen vollziehen. Wir wollen als mediacampus die Menschen und Unternehmen in unserer Branche unterstützen, neuen und veränderten Anforderungen und Rollen gerecht zu werden. Um zukunftsfähig zu bleiben, braucht es erweiterte Kompetenzen und eine schnellere Anpassungsfähigkeit auf die vielfältigen Anforderungen durch die Digitalisierung, durch neue Player und den Wandel der Innenstädte. Aus diesem Grund müssen sich auch unsere Inhalte, Konzepte und Methoden verändern. Bestehendes, das uns ausmacht und stärkt, soll vertieft werden. Neues muss da entwickelt werden, wo Märkte und neue Rahmenbedingungen es fordern.»[140]

Es wird sich erst noch zeigen, wie mit zeitlichem Abstand und aus der Rückschau der Beitrag der Coronapandemie zu diesen von Kolb angerissenen Entwicklungen zu bewerten ist – vielleicht als Beschleuniger und ein aus der Krisensituation geborener Antreiber von Innovationen?

Ganz am Schluss ist festzuhalten, dass sich auch der Börsenverein als Kultur- und Wirtschaftsverband in den letzten Jahrzehnten erheblich verändert hat. Es führte viel zu weit, hier ins Detail zu gehen, jedoch ist offensichtlich, dass beispielsweise die Landesverbände nach mehreren Zusammenschlüssen und der Fusion des Landesverbands Nordrhein-Westfalen in Düsseldorf mit dem Bundesverband in Frankfurt am Main einen anderen politischen

Statt eines Resümees

Status haben als früher. Heute gehört der mediacampus frankfurt zur ‹Börsenvereinsgruppe› – gewissermaßen der Gesamtheit des Börsenvereins als Bundesverband und seinen beiden auch international agierenden Wirtschaftstöchtern MVB GmbH und Frankfurter Buchmesse GmbH. Zuständig- und Verantwortlichkeiten sind innerhalb der Gruppe klarer geregelt, und über allem wacht ein kompetent und unabhängig besetzter Aufsichtsrat.

Das Gesagte enthebt den Börsenverein nicht von der Aufgabe, sich über das fein austarierte Zusammenspiel seiner verschiedenen Einheiten stets aufs Neue zu vergewissern. Es war Anfang der 1950er Jahre nicht selbstverständlich, dass der Börsenverein die Verantwortung für eine Einrichtung wie die Buchhändlerschule in Rodenkirchen übernimmt. Dasselbe gilt für den 1962 eingeweihten Campus in Seckbach, der ohne die beispielhafte finanzielle Unterstützung aus der Branche nicht hätte realisiert werden können. Ein Blick in die Geschichte des mediacampus frankfurt zeigt jedenfalls seine tiefe, unauflösbare Verankerung im Verbands- und Branchengeflecht.

Ausblick

Liebe Leser:innen,
zum Ende (dieser Chronik) soll es um Neubeginn gehen. Jubiläen, so auch das 75jährige Bestehen des mediacampus frankfurt, sind immer eine Art von Zäsur. Ein Punkt, an dem man innehält und zurück auf das Erreichte blickt. Aber eben auch in die Zukunft schaut. So möchte ich als neuer Hauptgeschäftsführer des Börsenvereins ab jetzt zusammen mit dem mediacampus frankfurt nach vorn schauen und gemeinsam die Zukunft gestalten – unsere eigene, aber auch die der Buchbranche.

Ein Schlüssel für die Zukunft unserer Buchbranche liegt in der Nachwuchsarbeit. Wie gut wird es uns gelingen, junge Köpfe für einen Job in Buchhandel, Verlag oder Buchlogistik zu begeistern? Wie gewährleisten wir auch in den kommenden Jahren eine qualifizierte Ausbildung? Wie bilden wir Fachkräfte kontinuierlich weiter, damit sie mit den stetig wandelnden Anforderungen an diese mitwachsen? Und, wie gut werden wir es schaffen, den jungen Menschen einen tieferen Sinn in dem zu vermitteln, was sie für und in unserer Branche machen und erreichen können? Angesichts von zunehmendem Fachkräftemangel und rasanten Veränderungen auf dem Ausbildungsmarkt erfordern die Antworten auf diese Fragen immer mehr kluge Strategien. Berufsbildung und Nachwuchsarbeit sind daher Themen, die ich im Börsenverein intensiv weiter vorantreiben möchte.

Ausblick

Bereits während meiner bisherigen Laufbahn bin ich immer wieder mit der einzigartigen Arbeit des mediacampus frankfurt in Berührung gekommen. Für uns bei Rowohlt war es selbstverständlich, unsere Medienkaufleute, Rozubis genannt, in Frankfurt-Seckbach auszubilden. Viele exzellente Kolleg:innen haben entweder selbst eine Ausbildung am mediacampus frankfurt genossen oder waren dort als Dozent:innen zu Gast. Die engmaschige Vernetzung von Ausbildungsstätte und Branche bietet unseren Auszubildenden und Fachkräften einmalige Voraussetzungen. In der Corona-Krise konnte der mediacampus frankfurt dank seiner hohen technischen Standards und Anpassungsfähigkeit schnell auf die aktuellen Herausforderungen reagieren.

Unter der Leitung von Monika Kolb wurde der Seckbacher Campus in den letzten Jahren von Grund auf modernisiert – von den Gebäuden bis zum Bildungsangebot. Ich bedanke mich sehr herzlich bei ihr und beim gesamten Team des mediacampus frankfurt für die großartige Arbeit! Danke, dass Sie die so wichtige Nachwuchsarbeit mit Ihrem Engagement und Ihrer Innovationsfreude vorantreiben und stärken. Und ich bin sehr zuversichtlich, dass dies Team gut gerüstet für zukünftige Aufgaben und Herausforderungen ist.

Auf die nächsten 75 Jahre gemeinsamen Lernens, Lesens und – ohne geht es nicht – Lachens!

Peter Kraus vom Cleff

Hauptgeschäftsführer des Börsenvereins des Deutschen Buchhandels seit Januar 2022

ANHANG

Dank

Für ihre Unterstützung gilt Monika Kolb, seit 2007 als Geschäftsführerin für die Geschicke der Buchhändlerschule verantwortlich, ein sehr herzlicher Dank; von ihr ging im Frühjahr 2019 die Initiative zu diesem Projekt aus, an dem sie auch nach Ausbruch der Coronapandemie festhielt. Zu danken hat der Verfasser außerdem Petra Scheschonka sowie, als Kernteam, Frederike Zlotnik und Simon Giani (alle mediacampus frankfurt) für Hilfs- und Gesprächsbereitschaft in inhaltlichen und praktischen Belangen. Um die gestalterische Umsetzung der vorliegenden Publikation haben sich vor allem Anna Horbach (München) und Frederike Zlotnik gekümmert.

Monika Steinkopf (Frankfurt am Main-Bergen), die die Schule in Rodenkirchen als Teilnehmerin des 72. Lehrgangs (Herbst 1959) und die Frankfurter Einrichtung als Dozentin und Buchhändlerin kennt, gab viele nützliche Hinweise. Dasselbe gilt für Helma Fischer (Offenbach am Main), ab 1996 Vorsitzende des Berufsbildungs-Ausschusses und des Kuratoriums. Heinrich F. Otto (Schöneck-Büdesheim), der in Seckbach über dreißig Jahre, von 1977 bis 2008, als Dozent, stellvertretender und kommissarischer

Schulleiter sowie als Schulleiter gewirkt hat, stand im Juli 2020 für ein Gespräch zur Verfügung, dem ich wichtige Einsichten in inhaltliche und personelle Zusammenhänge und Hintergründe verdanke. Prof. Dr. Hans Altenhein (Bickenbach) hat mir zu einer Arbeitsfassung seine Notizen zukommen lassen; besonders gefreut hat mich seine Einschätzung, die Ausführungen seien «Teil einer inneren Geschichte des Börsenvereins» – im Vorfeld des 2025 anstehenden 200jährigen Jubiläums des Börsenvereins ist ein solcher Beitrag vielleicht willkommen.

Für Informationen und freundlich gewährte sonstige Unterstützung danke ich außerdem Thomas Bez † (Stuttgart), Hans Peter Dieterich (Zentrale Dienste Redaktion/Archiv Frankfurter Neue Presse, Frankfurter Societäts-Medien GmbH, Frankfurt am Main), Sylvia Goldhammer (Institut für Stadtgeschichte, Frankfurt am Main), Karl-Heinz Knupfer (Venator & Hanstein, Köln), Thomas Koch und Nicole Nachreiner (beide Börsenverein des Deutschen Buchhandels, Frankfurt am Main), Dr. h. c. Friedrich Pfäfflin (Marbach am Neckar), Kirsten Peters und Christian von Zittwitz (Redaktion Buchmarkt, Meerbusch), Martin Schult (Börsenverein des Deutschen Buchhandels, Berliner Büro) und Carola Staniek (Deutsches Buch- und Schriftmuseum, Deutsche Nationalbibliothek, Leipzig).

Björn Biester, Februar 2022

Vorsitzende des Kuratoriums der Buchhändlerschule beziehungsweise der Schulen des Deutschen Buchhandels

Die Verwaltung der Buchhändlerschule oblag ab Herbst 1949 einem auf Beschluss des Rheinisch-Westfälischen Landesverbands begründeten Kuratorium, das nach der Übernahme der Trägerschaft durch den Börsenverein und dem Umzug nach Frankfurt am Main fortbestand. Vorsitzende dieses ehrenamtlichen Gremiums, das als Aufsichtsorgan und Verwaltungsrat fungierte, waren Dr. Hans Melchers (Bücherstube am Dom, Köln; Vorsitzender von 1949 bis 1951), Otto Fischer (Buchhandlung Otto Fischer, Bielefeld; 1951 bis 1957), Heinrich Gonski (Köln; 1957 bis 1964), Paul Piwowarsky (Dr. Keil's Buchhandlung, Boppard; 1964 bis 1967), Friedrich Wilhelm Schaper (Herdersche Buchhandlung, Berlin;

Bertelsmann AG, Gütersloh; 1967 bis 1975), Dr. Ulrich Wechsler (Bertelsmann AG, Gütersloh; 1975 bis 1984), Sigrid Piezunka (Buchhandlung Christiansen, Hamburg; 1984 bis 1990), Rüdiger Hildebrandt (S. Fischer, Frankfurt am Main; 1990 bis 1992), Fritz von Bernuth (Cornelsen, Berlin; 1992 bis 1996) und Helma Fischer (Steinmetz'sche Buchhandlung, Offenbach am Main; 1996 bis 1999). Letzter Vorsitzender des Kuratoriums war Martin Spencker (Thieme, Stuttgart). Nach der Jahrtausendwende – auch mit Hilfe von Zeitzeugen konnten chronologische Details nicht rekonstruiert werden – wurde das Kuratorium in einen Beirat mit beratender Funktion umgewandelt. Der Berufsbildungsausschuss des Börsenvereins, teilweise in Personalunion mit dem Kuratorium der Buchhändlerschule besetzt, besteht weiter.

Quellen und abgekürzt zitierte Literatur

ISG Frankfurt, Wirtschaftsarchiv
Institut für Stadtgeschichte Frankfurt am Main, Frankfurter Wirtschaftsarchiv – Depositum Börsenverein des Deutschen Buchhandels e. V.

Einweihung des Neubaus der Deutschen Buchhändlerschule (1962)
Zur Einweihung des Neubaus der Deutschen Buchhändlerschule. Geschichte und Arbeit der Schule – Der Neubau – Bildung, Ausbildung und Förderung des Nachwuchses in Vergangenheit und Gegenwart. Börsenblatt für den Deutschen Buchhandel (Frankfurt) Nr. 64a, 13. August 1962 [der Einweihung des Neubaus der Buchhändlerschule in Frankfurt am Main-Seckbach gewidmete Sondernummer]

Georg Ehrhart: Leben – eine köstliche Sache (1962)
Georg Ehrhart: Leben – eine köstliche Sache. Erinnerungen. Stuttgart: Deutsche Verlags-Anstalt 1962

30 Jahre Deutsche Buchhändlerschule (1976)
30 Jahre Deutsche Buchhändlerschule. In: Börsenblatt für den Deutschen Buchhandel (Frankfurter Ausgabe) Nr. 89, 5. November 1976, S. 1667–1698

40 Jahre Buchhändlerschule (1986)
40 Jahre Buchhändlerschule 1946–1986 [Redaktion: Dr. Klaus Staemmler und Gerd Schulz]. In: Börsenblatt für den Deutschen Buchhandel (Frankfurter Ausgabe) Nr. 74, 16. September 1986, S. 2413–2460 [siehe auch ‹Räumliche Enge – pädagogische Weite› in Börsenblatt (Frankfurter Ausgabe) Nr. 77, 26. September 1986, S. 2522 f., mit zahlreichen Fotos versehener Bericht von der laut Einladung in Form eines «Familienfestes» abgehaltenen Jubiläumsfeier in Seckbach am 17. September 1986]

Rainer Steinberg: Der Traum von einer Buchstadt (1992)
Rainer Steinberg: Der Traum von einer Buchstadt. Bemühungen der Kölner Stadtverwaltung um ein Buch- und Verlagszentrum nach 1945: In: Buchhandelsgeschichte. Aufsätze, Rezensionen und Berichte zur Geschichte des Buchwesens 1992/4, B 132–135

Schulen des Deutschen Buchhandels (1996)
Schulen des Deutschen Buchhandels. In: Börsenblatt für den Deutschen Buchhandel Nr. 75, 17. September 1996, S. 25–64 [siehe auch Herbert Degenhardt: «Anerkannte Privatschule». Die Deutsche Buchhändlerschule feiert am 18. September ihr 50jähriges Bestehen auf dem Campus in Seckbach. In: Börsenblatt für den Deutschen Buchhandel Nr. 70, 30. August 1996, S. 4 f.]

Der Börsenverein des Deutschen Buchhandels 1825–2000 (2000)
Der Börsenverein des Deutschen Buchhandels 1825–2000. Ein geschichtlicher Aufriss. Hrsg. im Auftrage der Historischen Kommission von Stephan Füssel, Georg Jäger und Hermann Staub in Verbindung mit Monika Estermann. Frankfurt am Main: Buchhändler-Vereinigung 2000

1946–2012. Eine Chronik (2012)
1946–2012. Von der Deutschen Buchhändlerschule zum mediacampus frankfurt [Texte von Gerd Schulz, Herbert Degenhardt, Heinrich F. Otto, Anke Naefe und Judith Hoffmann]. Frankfurt am Main: mediacampus frankfurt 2012

Cornelius Steckner: Rodenkirchen (2012)
Cornelius Steckner: Rodenkirchen 1950 bis 1975. Erfurt: Sutton 2012 (Die Reihe Archivbilder)

Gemeinsam 2020. Dem Virus ein Schnippchen schlagen
Gemeinsam 2020. Dem Virus ein Schnippchen schlagen. Redaktion: Monika Kolb, Simon Giani, Elena Appel und Naomi Rachel Hoffmann. Frankfurt am Main: mediacampus frankfurt 2020

Monika Kolb: mediacampus frankfurt 2007 bis 2021
Monika Kolb: mediacampus frankfurt 2007 bis 2021. Notizen für das Projekt ‹Jubiläum mediacampus frankfurt›. Frankfurt am Main, September 2021 – internes Archiv

Anmerkungen

1 Georg Ehrhart: Über die Bildungsaufgabe der Deutschen Buchhändlerschule. In: Einweihung des Neubaus der Deutschen Buchhändlerschule (1962), S. 25–30, hier S. 25.

2 Vor allem in den Kölner Anfangsjahren taucht gelegentlich auch die Benennung als ‹westdeutsche Buchhändlerschule› auf.

3 Siehe das Verzeichnis abgekürzt zitierter Literatur im Anhang.

4 Reimar Riese: Die Deutsche Buchhändler-Lehranstalt zu Leipzig. Wiesbaden: Harrassowitz 2017. Rieses Darstellung erstreckt sich auch über die DDR-Jahre und reicht bis zur deutschen Wiedervereinigung 1989/90.

5 Thomas Keiderling: Aufstieg und Niedergang der Buchstadt Leipzig. Markkleeberg: Sax 2012, S. 144–150.

6 Börsenblatt (Wiesbaden) Nr. 7, 1. April 1946, S. 57.

7 Werner Neite: Handlanger des Geistes und der Schönheit. In: 50 Jahre Bücherstube am Dom 1931–1981. Köln 1981, S. 9–17; Daniela Wilmes: Wettbewerb um die Moderne. Zur Geschichte des Kunsthandels in Köln nach 1945. Berlin: Akademie 2012 (Schriften zur modernen Kunsthistoriographie 2), S. 137–144. Melchers war 1943 und 1944 Lieferant für den «Sonderauftrag Linz», dem von Adolf Hitler beauftragten Aufbau eines Kunstmuseums in Linz an der Donau. Seit Anfang der 1950er Jahre arbeitete Melchers als Lektor für den Prestel Verlag.

8 Zum Hintergrund siehe Stephan Füssel: Die Gründung des Friedenspreises in der Nachkriegszeit. In: Widerreden. 60 Jahre Friedenspreis des Deutschen Buchhandels. Hrsg. für den Börsenverein des Deutschen Buchhandels von Stephan Füssel, Wolfgang Frühwald, Niels Beintker und Martin Schult. Frankfurt am Main: MVB Marketing- und Verlagsservice des Buchhandels 2009, S. 89–102.

9 Börsenblatt (Wiesbaden) Nr. 7, 1. April 1946, S. 57.

Die Notiz steht mit zwei weiteren Ankündigungen über Ausbildungsangebote in Leipzig und Bonn eingerückt und in kursiver Auszeichnung vor einem Beitrag von Erich Haake mit Anmerkungen ‹Zur Erziehung des buchhändlerischen Nachwuchses› (ebd., S. 57 f.).

10 Rainer Steinberg: Der Traum von einer Buchstadt (1992), hier B 133.

11 Ebd. Steinberg (Anm. 2) weist auf die Mittlerrolle von Hans Melchers zwischen der Kölner Stadtverwaltung und den von den Amerikanern nach Wiesbaden gebrachten «Fachleuten des Leipziger Börsenvereins» hin.

12 Adenauer – Briefe 1945–1947. Bearbeitet von Hans Peter Mensing. Berlin: Siedler 1983 (Adenauer – Rhöndorfer Ausgabe), S. 327. Adenauer war wegen verschiedener Konflikte im Oktober 1945 von den Briten als Kölner Oberbürgermeister abgesetzt worden; sein politischer Aufstieg im Nachkriegsdeutschland hatte im Januar 1946 begonnen.

13 Jan-Pieter Barbian: Literaturpolitik im «Dritten Reich». Institutionen, Kompetenzen, Betätigungsfelder. Frankfurt am Main: Buchhändler-Vereinigung 1993, S. 292–297; Otto Seifert: Die Reichsschule des Deutschen Buchhandels 1935–1942. In: Leipziger Jahrbuch zur Buchgeschichte 9 (1999), S. 205–221. Nach Seifert (S. 208) wurde die «konzeptionelle Vorbereitung» der Leipziger Reichsschule «nachdrücklich und mitbestimmend» von Gerhard Menz (1885–1954) geprägt; Menz war seit Mitte der 1920er Jahre Inhaber des vom Börsenverein finanzierten Lehrstuhls und Seminars für Buchhandelsbetriebslehre an der Handelshochschule Leipzig gewesen.

14 Chronologie der laufenden Ereignisse 1946–1986. Zusammengestellt von Gerd Schulz. In: 40 Jahre Buchhändlerschule (1986), S. 2418: «1935 wird die Reichsschule des Deutschen Buchhandels gegründet und mit der Deutschen Buchhändler-Lehranstalt ‹organisatorisch vereinigt›. Der Besuch der Reichsschule – Vier-Wochen-Lehrgang am Ende der Lehrzeit – ist für alle Lehrlinge des Buchhandels Pflicht. – Diese Reichsschule ist – natürlich abgesehen von den politischen Hintergründen – am ehesten vergleichbar mit den Intentionen der Gründer der ‹Kölner Buchhändlerschule›, aus der sich die Institution in Frankfurt am Main-Seckbach entwickelte.»

15 Zum Aufbau der Verbände. In: Börsenblatt (Frankfurt) Nr. 2, 30. Januar 1947, S. 17 f., hier S. 17 (Rheinisch-westfälischer Buchhändler-Verband).

16 Die Neue Universität zu Köln. Ihre Geschichte seit 1919. Hrsg. von Habbo Knoch, Ralph Jessen und Hans-Peter Ullmann im Auftrag des Rektorats der Universität zu Köln. Wien, Köln, Weimar: Böhlau 2019, S. 111–117.

17 Seit 1965 lautet die Adresse Pferdmengesstraße 3. Die Umbenennung der Goltsteinstraße südlich des Bayenthalgürtels (der nördliche Abschnitt der Straße behielt seinen Namen) ehrt den 1962 verstorbenen Kölner Bankier und Politiker Robert Pferdmenges.

18 Wolfram Hagspiel: Köln: Marienburg. Bauten und Architekten eines Villenvororts – einschließlich der Villengebiete von Bayenthal. Mit historischen Fotografien und Neuaufnahmen von Dorothea Heiermann. Bd. II. Köln: J. P. Bachem 1996 (Stadtspuren – Denkmäler in Köln 8/II), S. 616–619.

19 Heinrich Gonski: Zur Geschichte der Deutschen Buchhändlerschule. In: Einweihung des Neubaus der Deutschen Buchhändlerschule (1962), S. 10.

20 Erwin Planck war ein Sohn des Physikers Max Planck (1858–1947); vgl. Astrid von Pufendorf: Die Plancks. Eine Familie zwischen Patriotismus und Widerstand. Erweiterte Ausgabe. Berlin: List Taschenbuch 2007.

21 Siehe die Notiz zu Joseph Franzgrothes 60. Geburtstag am 12. Juni 1971. In: Börsenblatt (Frankfurt) Nr. 46, 11. Juni 1971, S. 1323.

22 Heinrich Gonski: Zur Geschichte der Deutschen Buchhändlerschule. In: Einweihung des Neubaus der Deutschen Buchhändlerschule (1962), S. 9–23.

23 Gerd Schulz: Die Buchhändlerschule vor zwölf Jahren. Erinnerungen und Meditationen eines «älteren Schülers». In: Einweihung des Neubaus der Deutschen Buchhändlerschule (1962), S. 31–36, hier S. 33.

24 Kölner Hauspostille. Ein Almanach. Hrsg. und überreicht vom 20. Lehrgang der Buchhändlerschule Köln (8. Januar – 24. Februar 1951). Köln 1951. Der Almanach wurde von dem Schriftsteller Hans Willi Linker (1896–1958) redaktionell betreut.

25 Wolfram Hagspiel: Villen im Kölner Süden. Rodenkirchen, Sürth, Weiss und Hahnwald. Fotografien von Hans-Georg Esch. Köln: J. P. Bachem 2012, S. 17 f.; Cornelius Steckner: Rodenkirchen (2012), S. 58 und 95. Ein 1972 geplanter Abriss der Villa Malta blieb unrealisiert, 1986 erfolgte die Eintragung der ‹Rheinburg› in die Kölner Denkmalliste, parallel wurde das Gebäude in Eigentumswohnungen aufgeteilt; der symbolische Burggraben samt Grabenbrücke war vorher zu einem Parkplatz umgestaltet worden. – Rodenkirchen wurde erst zum 1. Januar 1975 nach Köln eingemeindet.

26 Heinrich Gonski: Zur Geschichte der Deutschen Buchhändlerschule. In: Einweihung des Neubaus der Deutschen Buchhändlerschule (1962), S. 9–23, hier S. 16.

27 Protokoll der Sitzung des Kuratoriums der Buchhändlerschule – Köln am 20. Mai 1952 in Rodenkirchen/Rhein; ISG Frankfurt, Wirtschaftsarchiv, W 2/7-1387, S. 3.

28 Ebd., S. 10.

29 Der Nachlass der Verlegerin Annemarie Meiner (1895–1985), die dem Kuratorium der Schule angehörte, im Deutschen Buch- und Schriftmuseum in Leipzig (Signatur: HA/BV 21.c.4) enthält dazu Material.

30 Wichtige Quelle für Georg Ehrharts persönliche und berufsbiographische Hintergründe sind vor allem die 1962 erschienenen Erinnerungen ‹Leben – eine köstliche Sache›. Darin geht es unter anderem um die Teilnahme als Soldat am Ersten und Zweiten Weltkrieg, publizistische Betätigungen (dazu zählt eine erfolgreiche Aufklärungsschrift ‹Dein Weg, deutsche Jugend. Der Kampf ums Lebensideal. Für alle jungen Männer. Für alle jungen Mädchen. Jahre des Reifens. Der Wille zur Ehe›, 1934 bei Hädecke in Stuttgart veröffentlicht) und berufliche Stationen; vgl. Gerd Schulz: Unakademisch, aber lebensnah. Georg Ehrhart, Direktor der Deutschen Buchhändlerschule von 1953 bis 1965, starb im Alter von 94 Jahren. In: Börsenblatt Nr. 6, 20. Januar 1995, S. 30 f.

31 Nach den Ausführungen von Eva Martin: Berufsbildung. In: Der Börsenverein des Deutschen Buchhandels 1825–2000 (2000), S. 257–265, hier S. 264.

32 Gerd Schulz: Lehrgänge der Schule in Zahlen. An der Basis überwiegen die Damen. Nicht nur «biologischer Schwund». In: 30 Jahre Deutsche Buchhändlerschule (1976), S. 1697.

33 Heinz W. Burges: «Das werden Sie schon richtig machen». Firmenchefs und Offiziere auf der Schulbank. In: 30 Jahre Deutsche Buchhändlerschule (1976), S. 1672; leicht veränderter Wiederabdruck unter der Überschrift ‹Unter den Schülern war auch ein Teepflanzer› in: Börsenblatt Nr. 36, 7. Mai 1993, S. 331 f.

34 Monika Steinkopf: Zum Abschied Tränen. In: 40 Jahre Buchhändlerschule (1986), S. 2456; vgl. Georg Ehrhart: Leben – eine köstliche Sache (1962), S. 334.

35 Heinrich Gonski: Zur Geschichte der Deutschen Buchhändlerschule. In: Einweihung des Neubaus der Deutschen Buchhändlerschule (1962), S. 17.

36 Rudolf Sturm: Schritt für Schritt. Die Deutsche Buchhändlerschule 1966–1976. Bestandsaufnahme einer zehnjährigen Entwicklung. In: 30 Jahre Deutsche Buchhändlerschule (1976), S. 1689–1694, hier S. 1694. Die Herbert Hoffmann-Gedächtnisstiftung mit Sitz in Stuttgart wurde 1974 zugunsten des Sozialwerks aufgelöst.

37 Deutsche Buchhändlerschule. Fachschule des Börsenvereins Deutscher Verleger- und Buchhändlerverbände e. V. In: Adressbuch des deutschsprachigen Buchhandels 1955. Frankfurt am Main: Buchhändler-Vereinigung 1955, S. 499.

38 Georg Ehrhart: Leben – eine köstliche Sache (1962), S. 340.

39 Cornelius Steckner: Rodenkirchen (2012), S. 17.

40 Zahlreiche Details zum schulischen Alltag bei Jochen Barth: Sechs Wochen Buchhändlerschule im Jahre 1955. In: Einweihung des Neubaus der Deutschen Buchhändlerschule (1962), S. 37–42.

41 Cornelius Steckner: Rodenkirchen (2012), S. 76.

42 Ludwig Muth: Flüssige Dotationen. In: 40 Jahre Buchhändlerschule (1986), S. 2438.

43 Dorothee Hess-Maier: Klaus Saur, der Meister

in Rodenkirchen, Buchhändlerschule 1962. In: Erste Begegnungen – gemeinsame Projekte. Klaus G. Saur zum 60. Geburtstag. Hrsg. von den Mitarbeiterinnen und Mitarbeitern des K. G. Saur Verlags. München und Leipzig: Saur 2001, S. 29: «Zum Reden geboren, / zum Rechen bestellt, / der Schule verschworen, / gefällt ihm die Welt. / Er kennt das Geheimnis, / von Soll und von Haben, / so hilft er dem Mädchen / mit minderen Gaben. / Mit Dichtern wandeln, / von Sprache beseelt, / mit Büchern handeln, / verlegen gewählt. / Klaus Saur, mein Pauker! / Was je ich gesehn, / es sei wie es wolle, / es war doch so schön!»

44 Henner Voss: Vor der Reise. Erinnerungen an Bernward Vesper. 3. durchgesehene und erweiterte Auflage. Warendorf: Johannes G. Hoof 2014.

45 Friedrich Pfäfflin, E-Mail an Björn Biester, 27. November 2020.

46 Zitiert nach Rainer Steinberg: Der Traum von einer Buchstadt (1992), hier B 135, Anm. 12. Auf Initiative Knechts war 1952 in Frankfurt eine Arbeitsstelle für Marktanalyse eingerichtet worden, die noch im selben Jahr die erste Ausgabe von ‹Buch und Buchhandel in Zahlen› erarbeitete; Ernst Fischer: Buchmarktforschung. In: Der Börsenverein des Deutschen Buchhandels 1825–2000 (2000), S. 216–225, hier S. 217.

47 Georg Ehrhart: Leben – eine köstliche Sache, S. 355.

48 Dr. Horst Schulze, Wiederaufbau GmbH (Darmstadt), an den Vorstand des Börsenvereins, 12. Mai 1959; ISG Frankfurt, Wirtschaftsarchiv, W 2/7-1388; Brief des Darmstädter Oberbürgermeisters Dr. Ludwig Engel an Börsenvereinsvorsteher Reinhard Jaspert, 2. Oktober 1958; ebd., W 2/7-2479.

49 Lambert Schneider: Haus des Deutschen Buchhandels. Paralipomena zur Baugeschichte des Hauses. In: Börsenblatt (Frankfurt) Nr. 34, 28. April 1953, S. 205–207, hier besonders S. 205 f. Schneider war von 1950 bis 1962 Bevollmächtigter des Vorstands im Börsenverein; vgl. Hans Altenhein: Lambert Schneider und seine Verlage. In: ders.: Bücher zwischen zwei Kriegen. Verlagsgründungen im frühen 20. Jahrhundert. Stuttgart: Ernst Hauswedell 2021 (Leipziger Arbeiten zur Verlagsgeschichte 4), S. 37–61, hier besonders S. 54–57.

50 Material dazu in ISG Frankfurt, Wirtschaftsarchiv, W 2/7-2479. Das Haus im Grünen Weg 6 steht heute unter Denkmalschutz. Hintergrund des von Hans Köster, Alleininhaber des Langewiesche Verlags, vermittelten Angebots war wohl das Ableben von Stefanie Langewiesche, der Witwe des Verlegers, im Jahr 1956. Der Verlag Langewiesche blieb nach der Ablehnung des Börsenvereins in den angestammten Königsteiner Räumlichkeiten; zu den Hintergründen siehe Hermann Staub: «Arbeiten und nicht verzweifeln». Das Archiv des Verlags Karl Robert Langewiesche (Königstein) im Historischen Archiv des Börsenvereins (Frankfurt). In: Von

Göschen bis Rowohlt. Beiträge zur Geschichte des deutschen Verlagswesens. Festschrift für Heinz Sarkowski zum 65. Geburtstag. Hrsg. von Monika Estermann und Michael Knoche. Wiesbaden: Otto Harrassowitz 1990 (Beiträge zum Buch- und Bibliothekswesen 30), S. 336–374, hier insbesondere S. 340.

51 Walter Schwagenscheidt: Die Raumstadt. Hausbau und Städtebau für jung und alt, für Laien und was sich Fachleute nennt. Skizzen mit Randbemerkungen zu einem verworrenen Thema. Heidelberg: Lambert Schneider 1949.

52 Bertold Hack: Die Architekten: Walter Schwagenscheidt und Tassilo Sittmann. In: Einweihung des Neubaus der Deutschen Buchhändlerschule (1962), S. 63–86, hier S. 81–83.

53 Josef Söhngen: Neues vom Neubau der Deutschen Buchhändlerschule. In: Börsenblatt (Frankfurt) Nr. 52, 1. Juli 1960, S. 1121–1125. Söhngens Fazit der Besprechung mit Walter Schwagenscheidt und den Mitarbeitern seines Architekturbüros (S. 1125): «Das Gespräch von vielen Stunden hat uns gezeigt, daß wir die Gestaltung der Schule in gute Hände gegeben haben und daß wir außer der Sorgfalt, die wir auch weiterhin aufwenden wollen, keine Sorgen zu haben brauchen. Wir glauben, daß wir manchen Widerspruch erfahren werden, wir sind aber auch zugleich sicher, daß diejenigen unserer Kollegen, die sich die Mühe machen, sich ihrerseits ernsthaft mit dem Bau zu beschäftigen, uns zustimmen werden.»

54 Heinrich Gonski: Die Deutsche Buchhändlerschule wird gebaut. In: Börsenblatt (Frankfurt) Nr. 53, 3. Juli 1959, S. 797.

55 Reinhard Jaspert an Georg Ehrhart, 14. Mai 1959, Durchschlag; ISG Frankfurt, Wirtschaftsarchiv, W 2/7-1388. In seinem Brief hielt Jaspert fest: «Ich bin nach wie vor fest entschlossen, die Buchhändlerschule nach Frankfurt zu bringen [...].»

56 Norbert Heymer: Planung und Ablauf des Neubaus. In: Einweihung des Neubaus der Deutschen Buchhändlerschule (1962), S. 45–51, hier S. 48. Heymer betreute das komplexe Seckbacher Bauprojekt für die Buchhändler-Vereinigung.

57 Walter Schwagenscheidt: Die Buchhändlerschule in Frankfurt a. M. In: Einweihung des Neubaus der Deutschen Buchhändlerschule (1962), S. 53–55, hier S. 54.

58 Ebd., S. 55.

59 Reinhard Jaspert und Heinrich Gonski: Für eine neue Buchhändlerschule. In: Börsenblatt (Frankfurt) Nr. 102/103, 23. Dezember 1958, S. 1777. Zu den Beträgen siehe Norbert Heymer: Planung und Ablauf des Neubaus. In: Einweihung des Neubaus der Deutschen Buchhändlerschule (1962), S. 50. Heymer nennt die Einzelposten – 746.000 DM für den «Rohbau», 120.000 DM für «Erschließungskosten», 68.000 DM für «Dacharbeiten», 54.000 DM für «Fliesen-, Platten-, Estrich- und Asphaltarbeiten»,

165.000 DM für «Kücheneinrichtung, Beleuchtungskörper, Vorhänge und fehlendes Inventar, wie Betten, Schränke, Tische usw.», 150.000 DM für «Außenanlagen» sowie 287.000 DM für «Heizung, Wasser- und Abwasserinstallation»; allerdings scheint sich aus der Summe nicht der Gesamtbetrag der Bau- und Einrichtungskosten zu ergeben, Heymer schreibt weiter: «Dazu kommen die Anstreicher, Schreiner, Glaser und die übrigen Handwerker, die ja ebenfalls nicht umsonst liefern und arbeiten.»

60 30 Jahre ständiger Bewegung. Chronologie der Buchhändlerschule. Aus Archiven, Protokollen und dem BÖRSENBLATT. Zusammenstellung: Gerd Schulz. In: 30 Jahre Deutsche Buchhändlerschule (1976), S. 1679–1687, hier S. 1683.

61 Aus der Bücherwelt (hrsg. von Georg Lingenbrink, Barsortiment, Hamburg), Ausgabe VII/VIII September 1966, S. 30.

62 Georg Ehrhart an das Kuratorium, 30. April 1959; ISG Frankfurt, Wirtschaftsarchiv, W 2/7-1388; Georg Ehrhart an Börsenvereinsvorsteher Reinhard Jaspert, 20. Mai 1959; ebd., W 2/7-2479.

63 Sturm, der aus Westpreußen stammte und in Hirschberg im Riesengebirge aufwuchs, wurde an der Ludwig-Maximilians-Universität München mit einer von Walther Rehm betreuten Dissertation über den niederschlesischen Schriftsteller Hermann Stehr (1864–1940) promoviert; Rudolf Sturm: Wirklichkeit und Hohe Welt. Studien zum Werke Hermann Stehrs. Würzburg: Buchdruckerei Rudolf Mayr 1940. Stehr gehörte zu den bekanntesten literarischen Repräsentanten des nationalsozialistischen Regimes. In Sturms 1938 abgeschlossener Arbeit überwiegt, von Ausnahmen abgesehen («Artgemäße deutsche Dichtung […]», S. III der Vorbemerkung), die werkbezogene literaturwissenschaftliche Auseinandersetzung.

64 Ilse Unruh: Villon-Ausstellung in Offenbach: Sammlung Dr. Rudolf Sturm. In: Aus dem Antiquariat 3/1983, A 99–102, hier A 99.

65 K. W. [wohl Kristof Wachinger]: Glaubwürdig. Nachruf auf Dr. Rudolf Sturm, Direktor der Schulen des Deutschen Buchhandels von 1966 bis 1977, der am 15. Juli im 85. Lebensjahr gestorben ist. In: Börsenblatt Nr. 60, 29. Juli 1997, S. 17.

66 Herbert Paulerberg: Stets ausgebucht! Der Wiedereingliederungs- und Umschulungskurs in den Sortimentsbuchhandel (WUK): Er findet zweimal im Jahr – im Januar und im Juni – statt und dauert 17 Tage. In: Schulen des Deutschen Buchhandels (1996), S. 54. Die Kursteilnahme kostete Mitte der 1990er Jahre circa 2.000 DM inklusive Verpflegung und Unterkunft.

67 Rudolf Sturm: Schritt für Schritt. Die Deutsche Buchhändlerschule 1966–1976. Bestandsaufnahme einer zehnjährigen Entwicklung. In: 30 Jahre Deutsche Buchhändlerschule (1976), S. 1690.

68 Hans Altenhein, E-Mail an Björn Biester,

5. Dezember 2020.

69 Die Dozenten und ihre Fächer. In: 30 Jahre Deutsche Buchhändlerschule (1976), S. 1695. Hans Peter Anderle, Pfarrer der Evangelischen Kirche in Hessen und Nassau, unterrichtete in Seckbach außerdem Wissenschaftskunde.

70 Ilse Unruh: Die Polonica-Sammlung des Übersetzers Klaus Staemmler. In: Aus dem Antiquariat 11/1984, A 426–429; Jörg W. Rademacher: Klaus Staemmler zum fünften Todestag (*1921 Bydgoszcz/Bromberg, †1999 Münster). Eine biographische Skizze. In: Übersetzen 38 (2004) Nr. 4, S. 5. Danach hat Staemmler, 1949 in Göttingen mit einer Arbeit über ‹Preußen und Livland in ihrem Verhältnis zur Krone Polen 1561–1586› promoviert, über 90 Bücher polnischer Autor:innen des 20. Jahrhunderts ins Deutsche übersetzt und eine mehrere tausend Bände umfassende Sammlung ins Deutsche übersetzter polnischer Literatur und der entsprechenden Spezialwörterbücher zusammengetragen.

71 Ute Schneider: Literarische und politische Gegenöffentlichkeit. Die Frankfurter Buchmesse in den Jahren 1967 bis 1969. In: 50 Jahre Frankfurter Buchmesse 1949–1999. Hrsg. von Stephan Füssel. Frankfurt am Main: Suhrkamp 1999, S. 89–114; Peter Weidhaas: Zur Geschichte der Frankfurter Buchmesse. Frankfurt am Main: Suhrkamp 2003.

72 Monika Steinkopf: Zum Abschied Tränen. In: 40 Jahre Buchhändlerschule (1986), S. 2456.

73 Werner Adrian: Gewerkschaften und gewerkschaftliche Bestrebungen im deutschen Buchhandel zwischen 1918 und 1983. Eine Dokumentation. In: Archiv für Geschichte des Buchwesens 47 (1997), S. 105–225, hier S. 203 f.; ders.: Berufsbildung im Buchhandel. Ein Rückblick auf 150 Jahre. In: 150 Jahre Börsenverein des Deutschen Buchhandels. Börsenblatt (Frankfurt) Nr. 32S, 24. April 1975, S. 89–104, hier S. 101.

74 Zur Verbesserung der Ausbildung und der Fortbildungsmöglichkeiten. In: Börsenblatt (Frankfurt) Nr. 43, 30. Mai 1969, S. 1218–1220, hier S. 1219 f. Abdruck von Rudolf Sturms ‹18 Thesen zur Frage der Verbesserung der Ausbildung und der Fortbildungsmöglichkeiten im Buchhandel›.

75 Ebd.

76 Rudolf Sturm: Modell Seckbach. In: Börsenblatt (Frankfurt) Nr. 27, 6. April 1971, S. 776–785.

77 Siegfried Unseld: Möglichkeiten buchhändlerischer Fortbildung. In: Börsenblatt (Frankfurt) Nr. 78, 27. September 1963, S. 1780–1782.

78 Die 20. Sitzung der Abgeordnetenversammlung. In: ebd., S. 1779 f. Im Anschluss an diesen nüchtern gehaltenen Sitzungsbericht wurde Siegfrieds Unselds engagiertes Kurzreferat «unverkürzt und unredigiert» wiedergegeben, «in der Hoffnung, es mögen sich die angesprochenen Berufskollegen auch im Börsenblatt zu Wort melden» (S. 1780).

79 Siegfried Unseld Chronik 1971. Hrsg. von Ulrike

Anders, Raimund Fellinger und Katharina Karduck. Berlin: Suhrkamp 2014 (Siegfried Unseld Chronik. Hrsg. von Raimund Fellinger, Bd. 2), S. 64.

80 Ebd.; das Zitat steht in einem Brief von Unseld an Johnson: Uwe Johnson – Siegfried Unseld. Der Briefwechsel. Hrsg. von Eberhard Fahlke und Raimund Fellinger. Frankfurt am Main: Suhrkamp 1999, S. 642 f., hier S. 642.

81 Siehe die detaillierte Darstellung in Heinz Krehl: Verfahren mit Bewertungsrahmen. Bauwettbewerb für die Erweiterung der Buchhändlerschule in Frankfurt am Main-Seckbach. In: Bauen + Wohnen. Internationale Zeitschrift 24 (1970) Nr. 11; http://dx.doi.org/10.5169/seals-347899

82 Klaus Morgenstern: In Seckbach sollen Buchhändler neuen Typs ausgebildet werden. Doch das Ausbildungszentrum des Börsenvereins hat finanzielle Sorgen. In: Frankfurter Rundschau Nr. 201, 31. August 1974, Feuilleton.

83 Ih: Buchhändlerschule in Existenznot. Gesunkene Schülerzahlen / «Wenn nichts passiert, müssen wir Ende 1975 schließen». In: Frankfurter Rundschau, 30. Oktober 1974.

84 Angaben nach der Chronologie für das Jahr 1975.

85 Kristof Wachinger und Ulrich Wechsler: Schulen des Deutschen Buchhandels. Warum ein neues Statut? Straffere Organisation – effektivere Arbeit. In: Börsenblatt (Frankfurt) Nr. 60, 29. Juli 1977, S. 89.

86 Ebd.

87 Statut der Schulen des Deutschen Buchhandels [unterzeichnet von Rolf Keller, Vorsteher des Börsenvereins, und W. Robert Müller, seit 1. April 1977 als Nachfolger von Norbert Heymer Geschäftsführer der Buchhändler-Vereinigung]. In: Börsenblatt (Frankfurt) Nr. 60, 29. Juli 1977, S. 90 f., hier S. 91.

88 Die Zeit Nr. 51, 9. Dezember 1977.

89 Interview mit Heinrich F. Otto in Schöneck-Büdesheim, 29. Juli 2020.

90 Schreiben des Hauptgeschäftsführers Hans-Karl von Kupsch an den Vorstand des Börsenvereins, 29. Mai 1979 (mit beigefügter ‹Verlautbarung›); ISG Frankfurt, Wirtschaftsarchiv, W 2/7-3775.

91 Adolf Fink: Frankfurter Gesichter: Herbert Degenhardt. In: Frankfurter Allgemeine Zeitung Nr. 182, 8. August 1998, S. 52.

92 Helma Fischer: Beharrlich. Herbert Degenhardt wird 65. In: Börsenblatt Nr. 36, 5. Mai 1998, S. 26 f.

93 Hohes Niveau – und fast alles schon ausgebucht. Auch im Jubiläumsjahr wieder ein Schülerberg. In: Börsenblatt (Frankfurt) Nr. 13, 14. Februar 1989, S. 522.

94 hls [Hanns Lothar Schütz]: Es geht um die Zukunft der Schulen des Deutschen Buchhandels. Vorstand / Abgeordneten- und Gesellschafterversammlung: Finanzen; VLB-Version auf CD-ROM; Arbeitsschwerpunkt des neuen Vorstands: Aus- und Fortbildung. In: Börsenblatt (Frankfurt) Nr. 80,

6. Oktober 1989, S. 2935 f., hier S. 2936.

95 Dorothee Hess-Maier: Reform, Reform ... Der Auftrag der Mitglieder, die Initiative des Vorstands und die Ergebnisse der Untersuchung von Management Partner. In: Börsenblatt Nr. 7, 24. Januar 1992, S. 8–11.

96 1984 gab es eine zweite, durchgesehene und wesentlich erweiterte Auflage des Kataloggrundwerks, zu der 1985 eine Ergänzungslieferung erschien. Zum Hintergrund siehe Franz Hinze: Das Institut für Buchmarkt-Forschung in Hamburg. Erinnerungen eines Beteiligten. Frankfurt am Main: Bramann 2008, S. 152–157.

97 Anne Buhrfeind: Pauken und Praxis. Dozenten an der Buchhändlerschule: Herbert Paulerberg lehrt Sortimentskunde – ein besonders wichtiges Gebiet, geht es doch auch um Überlebenswichtiges: verkaufen. In: Börsenblatt (Frankfurt) Nr. 6, 20. Januar 1989, S. 203.

98 Klett-Cotta: «Lernkartei» für Seckbach. In: Börsenblatt Nr. 61, 2. August 1991, S. 2566.

99 Zuschuß zur Einarbeitung von Übersiedlern. In: Börsenblatt (Frankfurt) Nr. 1, 2. Januar 1990, S. 23.

100 Hans-Otto Lecht: Zwischenbilanz. Die Börsenvereine auf dem Weg zur Vereinigung. In: Börsenblatt (Frankfurt) Nr. 78, 28. September 1990, S. 2941–2943, hier S. 2942. Lechts Beitrag erschien parallel im Leipziger ‹Börsenblatt›.

101 Interview mit Heinrich F. Otto in Schöneck-Büdesheim, 29. Juli 2020.

102 Vertrag über die Vereinigung des Börsenvereins des Deutschen Buchhandels, Frankfurt a. M., und des Börsenvereins der Deutschen Buchhändler zu Leipzig – Fusionsvertrag. In: Börsenblatt (Frankfurt) Nr. 83, 16. Oktober 1990, S. 3372 f., hier S. 3373 (Anlage II, Nr. 6).

103 Hält die gute wirtschaftliche Lage im zweiten Halbjahr an? Gesellschafterversammlung der Buchhändler-Vereinigung. In: Börsenblatt Nr. 77, 25. September 1992, S. 4. Wiedergegeben wird hier eine Erklärung der Landesverbände, die zeigt, wie intensiv im Vorfeld der GmbH-Gründung um politische Verantwortung und die finanzielle Lastenverteilung gerungen wurde.

104 Horst Cremer: «Ein hohes Ansehen – weit über sämtliche Landesgrenzen hinweg». In: Börsenblatt Nr. 67, 23. August 1991, S. 2698 f., hier S. 2699.

105 Beide Dozenten, hauptberuflich im staatlichen Schuldienst tätig (Günther in leitender Position), traten auch publizistisch hervor, Wolfgang Günther etwa durch eine Geschichte der angelsächsischen Kinder- und Jugendliteratur, 2006 unter dem Titel ‹Wege ins Wunderland. Von Peter Pan bis Harry Potter› erschienen. Aus Bernt Ture von zur Mühlens Feder stammen neben einer Fülle kleinerer und größerer Buch- und Zeitschriftenbeiträge unter anderem Biographien über Hoffmann von Fallersleben (2012) und Gustav Freytag (2016).

106 Stefana Sabin: Gestrickt wird seit Jahren nicht mehr. Persönliche Erinnerungen einer Dozentin, Stefana Sabin, die vor elf Jahren mit einem Kurs über amerikanische Literatur in Seckbach startete. In: Schulen des Deutschen Buchhandels (1996), S. 62 f., hier S. 63.

107 Annette Sievers (Hrsg.): Die Buchhändlerschule. Ein Wegweiser für Azubis in Seckbach. Frankfurt am Main: Peter Meyer 1997. Vier weitere Auflagen des Wegweisers erschienen 1999, 2004, 2007 und 2010.

108 Adolf Fink: Zwei Auftritte in Seckbach. Eine Erinnerung an Jurek Becker. In: Frankfurter Allgemeine Zeitung Nr. 68, 21. März 1997, S. 70; vgl. 1946–2012. Eine Chronik (2012).

109 Adolf Fink: Last eines Paukbodens, Lust eines Parketts. Der Campus als Bühne: über Haupt- und Nebendarsteller, Souffleure, Beleuchter und vieles andere in den zwei Zeit-Stücken in der Wilhelmshöher Straße 283. In: Schulen des Deutschen Buchhandels (1996), S. 43 f., hier S. 44; Heinrich F. Otto, E-Mail an Björn Biester, 21. September 2021.

110 Ebd.

111 Interview mit Heinrich F. Otto in Schöneck-Büdesheim, 29. Juli 2020.

112 Seckbach im Gespräch. Hans Burkart, Direktor der Seckbacher Schulen. Ein Auftritt auf der Buchmesse, ein eigenes Zertifikat, die Einrichtung einer Seminardatenbank und internationale Praktika – der neue Direktor der Schulen des Deutschen Buchhandels hat sich einiges vorgenommen. Ein Interview [mit Marko T. Hinz und Stefan Hauck]. In: Börsenblatt Nr. 93, 23. November 1999, S. 11 f., hier S. 11.

113 Interview mit Heinrich F. Otto in Schöneck-Büdesheim, 29. Juli 2020.

114 Kontinuität. Die Buchhändlerschule in Frankfurt-Seckbach hat sich in den vergangenen Monaten verstärkt auf die Bedürfnisse der Branche ausgerichtet und setzt zudem auf Qualitätskontrolle; selbst bei den Kosten muss sie keinen Vergleich scheuen. Ein Interview mit dem kommissarischen Direktor Heinrich Otto. In: Börsenblatt Nr. 47, 12. Juni 2001, S. 14 f., hier S. 15.

115 Neil Gershenfeld: Wenn die Dinge denken lernen. Aus dem Englischen von Nikolaus Gatter. München und Düsseldorf: Econ 1999.

116 1946–2012. Eine Chronik (2012).

117 Ebd.

118 Aktenordner Seckbacher Strategie-Klausur 23./24. Juni 2006; mediacampus frankfurt, Archiv.

119 Karin Schmidt-Friderichs: Ein persönlicher Bericht. In: ebd. «In der Nacht vom 23. auf den 24.6. hätte man einen höchst authentischen Werbefilm für Seckbach drehen können. Und sollen. Am nächsten Morgen stehen immer noch auf vielen Karteikarten die Schwächen von Seckbach. Die Begegnungen in der Nacht haben mich überzeugt, dass es sich lohnt, diesen Schwächen radikal den Kampf anzusagen!»

120 Monika Kolb: mediacampus frankfurt 2007 bis 2021.

121 Monika Kolb-Klausch: wir haben antworten. ein persönliches vorwort. In: wie habe ich mehr erfolg? schulen des deutschen buchhandels – ausbildung – weiterbildung 2009. Frankfurt am Main: schulen des deutschen buchhandels 2008, S. 3.

122 Bundesjustizministerin Brigitte Zypries besuchte Seckbacher Azubis. In: buchmarkt.de, 13. Oktober 2008; https://buchmarkt.de/meldungen/aus-und-weiterbildung/bundesjustizministerin-brigitte-zypries-besuchte-seckbacher-azubis/

123 Verlegerfortbildung 2009–2011: Ein Kompendium aus Osteuropa und Zentralasien. Hrsg. vom Goethe-Institut in der Region Osteuropa/Zentralasien in Zusammenarbeit mit dem mediacampus frankfurt. Frankfurt am Main: Frankfurt University Press 2010.

124 Dokumentation Buchmarkt-Award 2009. Hrsg. von Christian von Zittwitz. Meerbusch: Buchmarkt 2009. Zur Begründung der Auszeichnung heißt es: «Die Schulen des Deutschen Buchhandels gibt es natürlich schon lange. Dass sie durch kommunikative Leistungen auffällig werden, ist neu. Und für diese Institution so außergewöhnlich (gut), dass die Jury einstimmig für Gold votierte.»

125 Auch die 1993 unter Beteiligung des Börsenvereins begründete Akademie des Deutschen Buchhandels nannte sich 2014 in Akademie der Deutschen Medien um.

126 Claus-Jürgen Göpfert: «Mediacampus Frankfurt». Richtungswechsel in der Buchhändlerschule. In: Frankfurter Rundschau, 7. Juli 2010; www.fr.de/rhein-main/richtungswechsel-buchhaendlerschule-11690263.html

127 «Es schwingen Ängste mit». Direktorin Monika Kolb-Klausch über den Umbruch auf dem Media Campus Frankfurt [Interview: Claus-Jürgen Göpfert]. In: Frankfurter Rundschau Nr. 264, 12. November 2010, S. F14.

128 Monika Kolb: mediacampus frankfurt 2007 bis 2021.

129 Detaillierte Informationen über das neue Angebot in: ich will beides: arbeiten und studieren. der erste berufs- und ausbildungsbegleitende bachelorstudiengang für die buchbranche. redaktion: David Greiner. Frankfurt am Main: mediacampus frankfurt; Stuttgart: school of management and innovation an der steinbeis-hochschule-berlin 2013. 47 S.

130 Telefongespräch mit Thomas Bez (Stuttgart), Dezember 2020. Bez, bis 2016 geschäftsführender Gesellschafter des Zwischenbuchhandelsunternehmens Umbreit in Bietigheim-Bissingen und vielfältig für den Börsenverein engagiert, wirkte als eine Art Mediator zwischen den Beteiligten.

131 Landesamt für Denkmalpflege in Hessen, Schreiben vom 9. August 2019, aktuelle Denkmalausweisung (Korrektur).

132 Zu den Details und einer sachkundigen

architekturgeschichtlichen Einschätzung siehe den Beitrag von Oliver Elser. In: Bauwelt 20.2010; www.bauwelt.de/themen/bauten/Schule-des-deutschen-Buchhandels-2159414.html

133 Präsentation ‹Digitalität› für den Vorstand des Börsenvereins, mediacampus frankfurt, September 2021.

134 Gemeinsam 2020. Dem Virus ein Schnippchen schlagen, S. 118 f.

135 «Wir sollten das Schreiben als Appell und Signal verstehen». Interview mit Monika Kolb, Bildungsdirektorin des Börsenvereins [geführt von Torsten Casimir], www.boersenblatt.net/news/wir-sollten-das-schreiben-als-appell-und-signal-verstehen-170879

136 Pandemie erschwert die Ausbildung. Aktuelle DIHK-Statistik zu Ausbildungsverträgen in der Buchbranche. In: Börsenblatt 16/2021, S. 16.

137 Siehe das konzise Kapitel ‹Die digitale Herausforderung› in Reinhard Wittmann: Geschichte des deutschen Buchhandels. 4., aktualisierte und erweiterte Auflage. München: C. H. Beck 2019, S. 446–473.

138 Heinrich Riethmüller: Paradigmenwechsel im Sortimentsbuchhandel. In: Archiv für Geschichte des Buchwesens 73 (2018), S. 147–152, hier S. 148.

139 Wir wollten etwas schaffen. Rückblick aus der Sicht eines Hauptbeteiligten. Interview mit Heinrich Gonski, Köln [geführt von Gerd Schulz]. In: 30 Jahre Deutsche Buchhändlerschule (1976), S. 1669–1671, hier S. 1671.

140 Monika Kolb: mediacampus frankfurt 2007 bis 2021.